“广州律智”法律服务丛书

广州市村（社区）法律顾问

司法实务疑难解析

GUANGZHOUSHI CUN(SHEQU) FALÜ GUWEN
SIFA SHIWU YINAN JIEXI

广州市律师协会　编著

法律出版社
LAW PRESS·CHINA
北京

图书在版编目(CIP)数据

广州市村(社区)法律顾问司法实务疑难解析 / 广州市律师协会著. -- 北京 : 法律出版社, 2023
("广州律智"法律服务丛书)
ISBN 978-7-5197-8092-0

Ⅰ. ①广… Ⅱ. ①广… Ⅲ. ①案例-汇编-广州
Ⅳ. ①D927.651.05

中国国家版本馆CIP数据核字(2023)第125447号

广州市村(社区)法律顾问司法实务疑难解析
GUANGZHOUSHI CUN(SHEQU) FALÜ GUWEN SIFA SHIWU YINAN JIEXI

广州市律师协会 著

责任编辑 薛 晗 王 斓
装帧设计 汪奇峰

出版发行 法律出版社
编辑统筹 法商出版分社
责任校对 王 丰
责任印制 胡晓雅
经　　销 新华书店

开本 710毫米×1000毫米 1/16
印张 17.25 **字数** 265千
版本 2023年11月第1版
印次 2023年11月第1次印刷
印刷 三河市兴达印务有限公司

地址:北京市丰台区莲花池西里7号(100073)
网址:www.lawpress.com.cn
投稿邮箱:info@lawpress.com.cn
举报盗版邮箱:jbwq@lawpress.com.cn
销售电话:010-83938349
客服电话:010-83938350
咨询电话:010-63939796

书号:ISBN 978-7-5197-8092-0
定价:68.00元

凡购买本社图书,如有印装错误,我社负责退换。电话:010-83938349

本书编委会

（人名排序不分先后）

目　录

第一部分　基层维权类案例

第二部分　基层调解类案例

第三部分 乡村治理类案例

第四部分 统筹协调类案例

第一部分　基层维权类案例

房屋过户后子女翻脸，老人如何依法取回房产

——近亲属间不动产过户如何定性

广东华领律师事务所　马洁妍

一、案情介绍

陈伯与妻子一起生育了三个女儿，三个女儿均已经出嫁，不和他们一起住，大女儿先于他们去世了。他妻子在去世前患有严重肾病，当时为方便照顾她，他和妻子搬到三女儿家中居住。他妻子于2016年去世，她去世后，他在三女儿家中居住至2018年。在三女儿家中居住期间，她不但没有支付任何赡养费用，陈伯每月还要给她1600元伙食费，她只负责每天给陈伯煮一顿饭。共同生活期间，三女儿对他也没有必要的照顾及嘘寒问暖。

2018年年初，二女儿通过法院起诉后调解，将陈伯与妻子共同购买的房屋属于他妻子的份额全部继承到她个人名下。

2018年4月，他觉得在三女儿家中居住比较孤独，就独自搬回了他与妻子共同购买的广州市海珠区赤岗路房屋中居住。在他搬回赤岗路家中后，二女儿主动找他协商，要求陈伯把赤岗路房屋中的另外1/2份额卖给她，她承诺负责陈伯日后所有的医药费，并让陈伯在这里一直居住到终老。陈伯考虑到父女之间的感情以及二女儿的承诺于是同意了。2018年8月，他与二女儿签订了《存量房买卖合同》并办理了房屋过户登记手续。当时，合同约定二女儿需向陈伯支付40万元购房款。但结果，从他搬回赤岗路房屋以后，三女儿就对他不闻不问。二女儿只支付房屋过户的税费，没有支付购房款，而且在房屋过户后也同样没有再联系过陈伯。即使陈伯给两个女儿打电话，她们也不接电话，也从没有没给过任何赡养费用和承担陈伯的任何医疗

费用。

陈伯难过地表示，自己身患多种慢性病，但是两个女儿都没有关心过他，他的退休收入仅够支付基本生活开支，连医生要求他每年入院检查的费用都不够支付。更让他心寒的是，现在赤岗路房屋正在加建电梯，由于他把房屋过户给二女儿，电梯加装手续需要二女儿配合办理，但通过邻居成功联系二女儿，要求她协助办理相关手续的时候，二女儿明确表示不参与，因此他无法使用电梯，增加了出行难度。因此，陈伯向司法所的律师求助，希望能解决他的困难。

二、法律分析

（一）陈伯的两个女儿是否应对陈伯承担赡养义务？应如何履行赡养义务？

根据原《婚姻法》第二十一条规定，子女对父母有赡养扶助的义务。子女不履行赡养义务时，无劳动能力的或生活困难的父母，有要求子女付给赡养费的权利。①

《老年人权益保障法》第十四条第一款、第二款规定："赡养人应当履行对老年人经济上供养、生活上照料和精神上慰藉的义务，照顾老年人的特殊需要。赡养人是指老年人的子女以及其他依法负有赡养义务的人。"

第十五条规定："赡养人应当使患病的老年人及时得到治疗和护理；对经济困难的老年人，应当提供医疗费用。对生活不能自理的老年人，赡养人应当承担照料责任；不能亲自照料的，可以按照老年人的意愿委托他人或者养老机构等照料。"

陈伯的两个女儿依法应当承担对陈伯的赡养扶助义务。鉴于陈伯自己有退休收入，因此，他要求子女支付赡养费用较难获得法院支持。但是可以根据医疗费用开支要求两女儿承担超出陈伯经济能力以外的医疗费用开支。

另外，法定的赡养义务除经济上的供养以外，还有生活上的照料以及精

---

① 《民法典》颁布实施后《婚姻法》已失效，请注意《民法典》中关于此处引用的内容规定在第26条和第1067条。

神上的慰藉，因此，陈伯可以主张两个女儿对其进行生活上的照顾和提供精神上的慰藉，如生活上的关怀问候、节假日的探望等。

（二）陈伯房屋过户行为应当视为对二女儿附条件的赠与还是买卖行为？

（1）由于陈伯与二女儿之间属于直系近亲属，且陈伯是基于二女儿承诺了房屋过户以后会承担他日后所有的医药费开支才办理房屋过户手续，结合陈伯一直没有收取二女儿的购房费用，虽然双方签订的是《存量房买卖合同》，但从家庭伦理方面来分析，该案符合附条件赠与的情形。如果主张附条件赠与，陈伯可以根据原《合同法》第一百九十二条第一款第二项规定的“受赠人有下列情形之一的，赠与人可以撤销赠与：……（二）对赠与人有扶养义务而不履行”① 主张撤销赠与。但该条法律规定对撤销权进行了限制，即赠与人在知道或应当知道撤销原因一年内行事。陈伯从房屋过户至今已差不多两年时间，早已超过撤销权的除斥期间，因此主张撤销赠与的话，将不利于陈伯的权利行使。

（2）鉴于陈伯与二女儿办理房屋过户手续时是通过签订《存量房买卖合同》的方式进行，在合同中约定了陈伯将房屋整套出售且约定了二女儿需要对所购买的房屋支付对应的价款及支付时间，而约定的价款与市场价格相差不大，且法律上没有禁止近亲属间的买卖行为，因此，从证据上分析，也可以认定陈伯的行为属于买卖行为。陈伯可以主张二女儿逾期履行合同严重违约申请解除合同。

三、处理过程

由于无法联系到陈伯的两个女儿，没有办法组织双方进行调解，因此只能通过诉讼程序解决陈伯的问题。因陈伯的问题分别涉及房屋买卖纠纷及赡养纠纷两个不同的法律关系，故只能通过两个法律程序进行处理。

---

① 《民法典》颁布实施后《合同法》已失效，《民法典》中关于此处引用的内容规定在第663条。

四、处理结果

关于房屋问题，根据陈伯与二女儿签订的《存量房买卖合同》约定，申请商事仲裁解决房屋纠纷。后广州仲裁委员会通过开庭审理，认定了陈伯二女儿违约事实，支持了陈伯将房屋过户回陈伯名下的仲裁请求。

而涉及子女赡养义务问题，由于广州市法律援助对赡养纠纷属于免经济审查给予援助的情形，因此，马律师指导并协助陈伯向广州市海珠区法律援助中心申请了法律援助，并由海珠区法律援助中心指派马律师作为援助律师继续为陈伯提供帮助。

五、案例点评

百行以孝为先，孝敬父母是中国的传统美德之一，作为子女应当孝敬父母而不应当只想着向父母索取。社区律师在处理家庭纠纷过程中，应当努力协助当事人进行调解，以维护家庭和谐。

另外，律师建议父母在生前最好通过订立遗嘱的方式对房产进行处理而不要过早地将房产过户到子女名下，以保障自身的居住权，避免子女拿了房子以后不照顾父母的情形发生。

购买房屋二十多年无法办证，突然被法院查封，权利如何保障

——因历史问题房产无法过户与法院强制执行冲突该怎样解决

广东南国德赛律师事务所　陈　辉

一、案情介绍

（一）合法购买的房屋出于历史原因二十多年无法办证

1996年9月17日，杨某与广东××房地产开发公司签订粤房字（96）第061号《××商住小区房屋认购合同》，向广东××房地产开发公司购买位于广州市天河区××村××小区第5幢九楼902房的房屋（以下简称案涉房屋），约定房屋建筑面积为88.34平方米，房屋总价款为318,753元。合同签订后，杨某已向广东××房地产开发公司支付了房屋价款286,877.3元，由于案涉房屋未取得合法建设手续一直无法办理大确权，后广东××房地产开发公司又被吊销营业执照，因此杨某收楼后20多年都无法办理案涉房屋房产证。

（二）购买居住二十多年的房屋突然被执行查封，提出执行异议请求还被法院驳回不予支持

2020年5月27日，在案涉房屋没有任何产权登记资料的情况下，广州市从化区人民法院根据广州市天河区人民法院2002年作出的一份生效民事判决书查明天河区××街××村民委员会与广东××房地产开发公司签订的

合同约定内容，推定包括案涉房屋在内的房产归广东××房地产开发公司所有，进而作出（2008）从法执字第274×、274×号之一裁定书，裁定查封了案涉房屋。为此，杨某向广州市从化区人民法院提出执行异议，经审查后，法院根据最高人民法院《关于审理商品房买卖合同纠纷案件适用法律若干问题的解释》第二条规定，“出卖人未取得商品房预售许可证明，与买受人订立的商品房预售合同，应当认定无效，但是在起诉前取得商品房预售许可证明的，可以认定有效”，以案涉房屋未办理合法的审批手续，未取得商品房预售许可证明，杨某1996年9月17日与广东××房地产开发公司签署的《××商住小区房屋认购合同》不符合最高人民法院《关于人民法院办理执行异议和复议案件若干问题的规定》第二十九条第一项规定为由，作出执行裁定书，驳回杨某的异议请求。

二、法律分析

律师经过充分了解案件事实有以下几个观点。

1. 杨某与广东××房地产开发公司双方就案涉房屋买卖签订的《××商住小区房屋认购合同》真实、合法有效，应受法律保护。(1)《××商住小区房屋认购合同》系合同双方当事人的真实意思表示，真实有效。1996年9月17日，杨某与××商住小区开发商广东××房地产开发公司双方就案涉房屋买卖签订了书面的《××商住小区房屋认购合同》，合同经广东××房地产开发公司加盖合同专用章和法定代表人章，且有见证律师签章。合同签订后，广东××房地产开发公司也依约将案涉房屋交付杨某占有、使用至今。(2)《××商住小区房屋认购合同》依法应当认定为商品房买卖合同，合法有效。1996年9月17日杨某与广东××房地产开发公司双方签订《××商住小区房屋认购合同》时，案涉房屋已建成［广州市中级人民法院作出的（1999）穗中法房初字第199号民事判决书查明认定早在1996年5月底包括案涉房屋在内的房屋就已建成］，且《××商住小区房屋认购合同》中约定了当事人信息、房屋基本情况、房屋销售方式、房屋价款的确定方式及总价款、付款方式、付款时间、交付使用条件及日期、装饰、设备标准承诺、供水、供电、供热、燃气、通信、道路、绿化等配套基础设施和公共设施的交付承诺和有关权益、责任、面积差异的处理方式、办理产权登记有关事宜、解决争议的方法、违约责任等商品房买卖合同的主要内容，且广东××房地产开发公司收取了杨某支付的购房款。（3）案涉房屋虽然存在未完备相应手续的情况，但不影响房屋买卖合同的法律效力。违法建筑虽然违反的是国家法律的强制性规定，但从法条以及实际操作来看，违法建筑的买卖违反的并非效力性规定，而只是强制性规定，因此违法建筑的违法性并不能导致其买卖合同的必然无效。根据《城乡规划法》第六十四条规定，未取得建设工程规划许可证或者未按照建设工程规划许可证的规定进行建设的，由县级以上地方人民政府城乡规划主管部门责令停止建设；尚可采取改正措施消除对规划实施的影响的，限期改正，处建设工程造价5%以上10%以下的罚款；无法采取改正措施消除影响的，限期拆除，不能拆除的，没收实物或者违法收入，可以并处建设工程造价10%以下的罚款。该案中，案涉房屋已建成并交付使用20多年，城乡规划主管部门并未要求限期拆除，案涉房屋所在××小区9楼部分应属于上述法律规定“尚可采取改正措施消除对规划实施的影响的”情形，保留使用建筑物，不应仅依据最高人民法院《关于审理商品房买卖合同纠纷案件适用法律若干问题的解释》第二条而认定案涉房屋买卖合同无效。

2. 杨某对案涉房屋依法享有足以排除强制执行的实体权益。杨某所购案涉房屋系用于居住且名下无其他用于居住的房屋；杨某已支付的价款约为案涉房屋总价款的90%，远远超过合同约定总价款的50%。

三、处理过程

律师精心制定诉讼策略和方案，最终获得一审法院判决支持。

根据最高人民法院《关于适用〈中华人民共和国民事诉讼法〉的解释》第三百一十条第二款规定，“案外人同时提出确认其权利的诉讼请求的，人民法院可以在判决中一并作出裁判”，即杨某提起执行异议之诉时依法可一并主张案涉房屋确权和办理过户。

但律师了解到：2012年2月24日，广州市解决历史遗留的办理房地产证问题办公室发布了《关于第十八批符合历史遗留问题办证条件的商品房建设项目的公告》，该公告同时附《第十八批符合历史遗留问题办证条件的商品房建设项目一览表》，其中包括××苑（第二、三期：自编1、2、3、4、5号），预售证号：19960025、19970071，建设单位名称为广东××房地产开发公司，可办证地址为天河区××43、44、45、46、49、50号4－8层，并不包含第9层，案涉房屋位于××小区第5幢九楼并没有办理报建手续。

经代理律师与杨某充分分析和沟通，在案涉房屋过户主张目前完全无法得到支持和实现的情况下，最终确定三项诉讼请求：（1）停止对杨某购买的案涉房屋的强制执行，并解除查封；（2）确认案涉房屋归杨某所有，由杨某占有、使用、居住；（3）由被告承担案件的全部诉讼费用。并以此依法向广州市从化区人民法院提起案外人执行异议之诉，案件于2021年1月12日立案受理。历经9个多月的时间，经过多方的努力，案件终于进行到一个新的审理阶段，法院依法予以支持，杨某的合法权益受到了保护。

四、处理结果

广州市从化区人民法院作出一审判决，判决：（1）停止对案涉房屋的执行，解除对案涉房屋的查封；（2）杨某对案涉房屋享有占有和使用的权利。申请执行人不服一审法院判决上诉至广州市中级人民法院，案件经二审审理后作出驳回上诉，维持原判的终审判决。

五、案例点评

该案涉及房屋买卖、房屋合法建设手续、开发商被吊销、20多年无法办证、法院强制执行、不予执行申请被裁定驳回、执行异议之诉等一系列环节，具有相当的复杂性、特殊性，对以后类似案件的处理有一定的指导意义，对购房人出于历史原因无法办证排除法院强制执行有积极示范的意义，对购房人如何通过法律途径维护自己的合法权益不被他案执行侵害有着重要启示作用。

从遗赠扶养协议纠纷看《民法典》关于遗赠扶养协议的规定

——遗赠扶养协议中当事人权利义务失衡该如何调整

广东中量律师事务所　廖琼灵

一、案情介绍

老张是老刘妻子的侄子，老刘现已90高龄，而老张也已年过70，2018年12月18日这天，老刘、老张共同订立“遗嘱”并进行公证，“遗嘱”载明：如老张能照顾老刘的日常生活及负责其生养死葬，老刘去世后则将位于广州市海珠区昌岗东路的房屋留给老张。自此，老张开始悉心照顾九旬高龄的老刘。

若老张能够给老刘养老送终，而老刘走后老张可以居住在其留下的房子，两个老人也能老有所养，住有所居，安享晚年。但事与愿违，2021年1月，老刘表示不再需要老张照顾，并转由老刘的邻居李某来照顾。随后，老张本人及两个儿子与老刘、李某对先前照顾老人的补偿事宜进行协商。2021年1月6日李某出具声明表示：李某代替老刘支付给老张2018年至2020年照顾老刘的辛苦费等一切费用20万元。但签订协议当晚李某向老张表示其借不到钱，无法按协议约定向老张支付20万元。而后老刘不仅表示其没有授权李某代表其签订协议，不同意支付20万元，更是前往公证处撤销了前述“公证遗嘱”，之后老刘生活由李某照顾。老张认为老刘与李某的行为严重损害其合法权益，遂向人民法院提起诉讼。

二、法律分析

法律依据：根据《民法典》第一千一百五十八条规定，“自然人可以与继承人以外的组织或者个人签订遗赠扶养协议，按照协议，该组织或者个人承担该自然人生养死葬的义务，享有受遗赠的权利”。老张和老刘之间并没有法定的抚养关系，双方可以成为遗赠扶养协议的主体。但遗赠扶养协议需要双方签署，而该案约定老张负责照顾老刘日常生活及生养死葬的约定“遗嘱”只有老刘单方签名，老张只是签订了另一份表示同意照顾老刘的笔录，并未在“遗嘱”上签名，使双方之间的遗赠扶养关系存在争议。

根据最高人民法院《关于适用〈中华人民共和国民法典〉继承编的解释（一）》第四十条规定，“继承人以外的组织或者个人与自然人签订遗赠扶养协议后，无正当理由不履行，导致协议解除的，不能享有受遗赠的权利，其支付的供养费用一般不予补偿；遗赠人无正当理由不履行，导致协议解除的，则应当偿还继承人以外的组织或者个人已支付的供养费用”。若老张与老刘之间形成遗赠扶养关系，则该遗赠扶养协议不能随意撤销，遗赠人老刘无正当理由单方不履行，导致遗赠扶养协议解除的，则应向扶养人老张支付相关费用。

三、处理过程

律师在接受当事人的委托后，通过与当事人交流认真了解案情，结合案件事实、法律以及相关判例对案件作出了深入的分析，律师认为老张与老刘之间存在遗赠扶养关系，而老刘无正当理由解除与老张之间的遗赠扶养关系，应当向扶养人老张支付相关费用。在起诉前，就该案的事实，结合法律的相关规定，律师先组织双方当事人进行了沟通，希望能够进行调解，但最终调解无果，只好诉之法院，由法院依法进行判决。

四、处理结果

经过审理，一审法院认为虽然在《公证书》中载明的是“遗嘱”，但是该“遗嘱”的内容实际上为遗赠扶养协议，且该协议并非因老张无正当理由不履行而解除，对2021年1月6日由李某与老张签订的声明约定李某代替老刘支付给老张2018年至2020年照顾老刘的辛苦费等一切费用20万元，老张虽然未在该声明上签字盖章，但是其起诉的行为法院认定是对该协议的追认。该声明对老张以及李某合法有效。最终法院支持了老张的诉讼请求，判决李某支付20万元给老张。一审判决后，李某不服提出上诉，二审维持原判。

五、案例点评

通过办理该次案件，律师认为遗赠人与扶养人在签订遗赠扶养协议时，应当注意以下问题。

1. 遗赠人必须是具有完全民事行为能力的自然人，并且有一定的可遗赠财产；

2. 扶养人必须是遗赠人法定继承人以外的个人或者组织，扶养人按照协议承担遗赠人生养死葬的义务，享有受遗赠的权利；

3. 为避免履行过程中发生不必要的争议，遗赠扶养协议一般应采用书面形式。同时，为确保遗赠扶养协议的有效性，建议进行公证。

遗赠扶养协议作为我国法定继承和遗嘱继承以外的第三种继承方式，是我国《继承法》上的一大创新，体现了遗赠人和扶养人的共同意志，是一种互助性的转移遗产方式，也是解决孤寡老人、残疾人抚养问题的较佳途径，符合我国的国情，极具中国特色，在弘扬尊老敬老、友爱互助的传统及公序良俗上扮演着至关重要的角色，遗赠扶养协议性质上虽属于合同，但其具有人身属性，是新型的社会保障制度，符合当前我国的实际情况，在现实生活中具有重要意义。

通勤途中遇意外，六级工伤陷困境，劳动者该如何维权

——劳动者自认“个人问题不适应工作”是否影响工伤保险待遇

广东元道泽粤律师事务所　王竹萍　江汉广

一、案情介绍

（一）花样少年，初入社会意外致残，令人叹息

2019 年 9 月，刚从学校毕业的小江怀揣着对生活无尽的期许和热情踏入了社会并加入了某物业公司工程部从事工程部专员。小江入职后每天都积极且努力地完成公司所分配的工作任务，公司领导和其他员工也十分照顾他，小江很快地就通过了试用期转为正式员工，因此小江对公司的好感度逐渐上升。但好景不长，小江在 2020 年 2 月某一天下班途中不幸发生交通事故，交警判定小江在事故中不负责任。该次事故造成小江手部等身体多处部位严重受伤，小江入院后积极配合治疗，在家人无微不至的照顾之下出院回家休养，小江在被通知可以出院当天发现自己手部机能不如从前，通过医生得知，小江手部所受到的伤害相对较为严重，即使康复了也不如从前灵活有劲，这对小江和小江家人来说犹如晴天霹雳。

（二）休养期间，公司拒绝支付停工期间工资及津贴，陷入困境

后来，经过广州市劳动能力鉴定委员会鉴定和广州市白云区人力资源和社会保障局认定：小江因事故所受伤情属于工伤；小江因该次事故导致劳动

能力障碍，等级为六级；确认小江的停工留薪期为2020年2月至2020年11月。小江出院后因伤势过重选择了在家继续静养，打算等到完全康复再回到公司上班，公司也同意了。休养期间，小江多次向公司询问休养期间的工资如何计算、何时发放等问题，但公司以工伤保险已经赔付等理由拒绝支付其停工留薪期间的工资和伤残津贴。2021年2月，小江恢复劳动能力后当即回到公司上班，可公司给小江安排的是另外的岗位，待遇也比以前岗位要差。小江在公司恶意调岗降薪的情况下被迫离职，因小江受伤后情绪比较低落，小江签订公司的《离职申请表》只写明了“因个人问题不适应工作”等字眼，为后续仲裁、诉讼埋下“地雷”，小江在离职后仍然没有收到公司任何补偿。

二、法律分析

（一）公司为小江购买工伤保险后就无须再承担任何责任吗？

根据《广东省工伤保险条例》的规定，除开由工伤保险基金承担的各种名目的工伤保险待遇，在劳动者达到一定伤残等级且符合一定条件的情况下，用人单位即使为员工购买了工伤保险，其仍有可能需要向员工发放工伤保险待遇。

（二）公司应向小江支付哪些工伤保险待遇呢？

1. 停工留薪期间工资

根据《广东省工伤保险条例》第二十五条第一款规定：“职工因工伤需要暂停工作接受工伤医疗的，在停工留薪期内，原工资福利待遇不变，由所在单位按月支付。停工留薪期根据医疗终结期确定，由劳动能力鉴定委员会确认，最长不超过二十四个月。”

如前所述，广州市劳动能力鉴定委员会通过鉴定确认小江停工留薪期为2020年2月至11月，因此公司应按照法律规定向小江支付停工留薪期间工资。

2. 伤残津贴

根据《广东省工伤保险条例》第三十条第二项规定：“职工因工致残被

鉴定为五级、六级伤残的，享受以下待遇：（二）保留与用人单位的劳动关系，由用人单位安排适当工作。难以安排工作的，由用人单位按月发给伤残津贴，标准为：五级伤残为本人工资的百分之七十，六级伤残为本人工资的百分之六十，并由用人单位按照规定为其缴纳应缴纳的各项社会保险费。伤残津贴实际金额低于当地最低工资标准的，由用人单位补足差额。”

小江因伤势过重，在停工留薪期间届满后，仍然难以工作，直到2021年2月小江才恢复至能胜任工作，因小江与公司在该期间均无提出解除劳动关系，所以公司应按照法律规定向小江支付休养期间的伤残津贴。

3. 一次性伤残补助金

根据《广东省工伤保险条例》第三十一条第二项规定：“五级、六级伤残职工本人提出与用人单位解除或者终止劳动关系的，由工伤保险基金支付一次性工伤医疗补助金，由用人单位支付一次性伤残就业补助金，终结工伤保险关系：（二）一次性伤残就业补助金。标准为：五级伤残为五十个月的本人工资，六级伤残为四十个月的本人工资。”

该案当中，小江因遭到公司拖欠停工留薪工资且未经其同意调岗降薪，便向负责人提出解除劳动关系，因此，公司应向小江支付一次性伤残补助金。

4. 解除劳动合同经济补偿金

根据《劳动合同法》第三十八条第一款第二项规定：“用人单位有下列情形之一的，劳动者可以解除劳动合同：（二）未及时足额支付劳动报酬的。”第四十六条第一项规定：“有下列情形之一的，用人单位应当向劳动者支付经济补偿：（一）劳动者依照本法第三十八条规定解除劳动合同的。”

小江在受伤休养期间已多次向公司要求支付停工留薪工资，直至小江回到公司重新工作，公司仍然没有向小江支付，公司的行为已经违反了前述法律规定，小江有权单方解除劳动关系并要求公司支付经济补偿。

三、处理过程

小江在多次要求公司支付对应报酬及工伤保险待遇遭到拒绝后，找到了律师团队咨询寻求帮助。律师团队在了解案件情况后与小江明确他可以通过劳动仲裁、诉讼的方式向公司主张停工留薪期间工资、伤残津贴、一次性伤残补助金以及被迫解除劳动合同经济补偿金等，同时告知小江仲裁、诉讼的权利义务及被迫解除劳动合同经济补偿金的主张存在不被支持的风险。经过与律师团队交流，小江决定拿起法律的武器捍卫自身的合法权益，委托律师团队代为仲裁、起诉。律师团队受到小江的委托后，当即根据现有材料准备仲裁、起诉材料并提交至受理部门。

在案件仲裁、起诉的过程中，各项诉讼请求的计算基数是双方最大的争议焦点，公司认为小江受伤前的月平均工资标准实际比小江所主张的要少600 元。律师团队针对公司观点多次发表代理意见认为公司已出具收入证明小江平均工资、小江入职第一个月的报酬未达到法定工作天数标准不应该作为平均工资计算部分等。

四、处理结果

仲裁期间，仲裁委认可小江各项主张的计算基数并判决公司需要向小江支付停工留薪期间工资、伤残津贴、一次性伤残补助金。可惜的是，被迫解除劳动合同经济补偿金因小江在离职文件上亲笔写上了“因个人问题不适应工作”等字样，被仲裁委认定离职理由属于个人原因最终没有得到支持。因为律师团队在第一次与小江交谈时就已经告知他该项请求的风险，属于小江的意料之中了，为减免诉累，小江没有向法院提起诉讼。

但公司为了拖延支付时间，陆续向一审法院起诉、向二审法院上诉，经过几番拉扯，最终二审法院驳回了公司的上诉请求。在收到二审判决后，公司仍然没有在判决的给付期间内支付款项，律师团队当即拟写材料约见小江申请强制执行，在执行受理后，执行法官也十分高效地冻结了公司的账户及资产，公司在发现财产被冻结后立马就找到了律师团队沟通付款事宜并在当天就将款项全数支付给了小江。至此，小江与公司之间的争议终于解决了，小江及小江家人也对律师团队的专业法律服务表示了充分的认可。

五、案例点评

工伤保险制度具有保障劳动者因工作遭受事故伤害或者患职业病的职工

获得医疗救治和经济补偿，促进工伤预防和职业康复，分散用人单位的工伤风险的作用。劳动者有依法享受工伤保险待遇的权利。企业、事业单位、社会团体、民办非企业单位、基金会、律师事务所、会计师事务所等组织和有雇工的个体工商户都应当在生产经营所在地依法参加工伤保险，为单位全部劳动者缴纳工伤保险费。

劳动者与用人单位建立劳动关系，在劳动者发生工伤后，用人单位应以负责任的态度，尽快妥善处理，配合劳动者办理工伤认定并支付对应的工伤待遇。对劳动者，在面临工伤困境时，也不用惧怕向用人单位主张自身的合法权利。

喝酒须适度，敬酒要谨慎

——宴席组织者及共同饮酒人的责任应如何界定

广东创盟律师事务所　吴燕玲

俗话说“无酒不成席”，酒在亲友团聚、送行饯别等活动中发挥着其不可替代的作用。近年来，因饮酒出事的悲剧屡屡见诸报端，让人伤心，比如：公司聚会员工饮酒后猝死、三五好友小酌后酒后驾车出事、因陪酒死亡等。该案原本是主人家嫁女，喜事一桩，结果，却因为喝酒，喜事变成丧事，同事之间还要对簿公堂。

一、案情介绍

李某含辛茹苦把女儿养育成人，并为女儿寻得如意郎君。举办婚礼时，李某不仅宴请了亲朋好友，还邀请了自己的同事。刘某（该案死者）是李某的同事，婚礼当天，李某将刘某安排在同事一桌。宴席过程中，新郎、新娘和李某到每桌都敬了一杯，让大家吃好、喝好，但没有劝刘某喝酒，只让他随意。跟刘某坐同一桌的几个同事都没有劝酒，也没有阻止刘某喝酒，随后刘某主动举杯，与大家一起喝了 3 杯酒。谁曾想到，刘某喝完酒后诱发了冠心病，回到家不久就倒地不起，后经抢救无效死亡。

事发后，不出意料，刘某家属将新郎、新娘和与刘某同桌喝酒的人，都告上了法庭，向他们索赔 42 万元。

法庭上，刘某家属提出，和刘某同桌喝酒的人都是刘某的同事，相互之间非常熟悉，知道刘某患有冠心病，却不阻止他喝酒，还同他一起喝，存在过错，应当负赔偿责任。新郎、新娘等人，作为场地的提供者，邀请刘某参加婚礼，向他敬酒后，没有照顾好刘某，致使他饮酒后冠心病发作，也有过错，应该与同桌的人一起赔偿。

二、法律分析

（一）作为婚礼的举办者，新郎、新娘是否需要承担责任？

新郎、新娘觉得自己好冤，好端端的一场婚礼，竟引出一场丧礼。他们在法庭上提出，自己和家人在婚宴上到每桌敬酒，让大家吃好、喝好是一种礼节，并不是强行要求每个宾客喝酒，有些不能喝酒的，也可以喝茶。而且婚礼现场上有几百个人，自己仅有两只眼睛，法律不强人所难，这种情况下，不可能兼顾到所有人，自己没有过错。

（二）与死者刘某同桌吃饭喝酒的同事是否需要承担责任？

与刘某同桌喝酒的同事表示，在婚宴上，自己没有强迫刘某喝酒，是刘某自己贪杯，主动跟同桌的人敬酒，而且刘某离开酒店前，是正常状态，身体也没出现不适症状。刘某回家后，家属没有及时发现其异常状态，现在企图将推卸责任，没有道理。

（三）死者本人是否需要承担责任？

50 多岁的刘某，是完全民事行为能力人，他对事情应当有正确的认识和判断，自己是否患有疾病，能不能喝酒，他最清楚不过，他应当对自己的身体健康负责。

三、处理过程

根据《民法典》第一千一百六十五条的规定，“行为人因过错侵害他人民事权益造成损害的，应当承担侵权责任。依照法律规定推定行为人有过错，其不能证明自己没有过错的，应当承担侵权责任”。

该案是生命权、身体权、健康权纠纷，根据谁主张谁举证的原则，以及《民法典》的上述规定，刘某的家属要求新郎、新娘以及与刘某同桌喝酒的同事共同承担侵权责任，则需要举证证明他们在该次事件中存在过错。

该案中，李某（新娘父亲）和刘某同事对刘某患有冠心病都是知情的，在婚礼上，应该对刘某尽到提醒与劝阻的义务。首先，作为主家，李某带着新郎新娘去敬酒时，应该提醒刘某以茶代酒。作为刘某同桌的同事，相互之间非常熟悉，知道刘某患有冠心病，在刘某主动举杯喝酒时，应进行适当的提醒和劝阻，同事具有一定的过错。至于刘某，他在明知道自己患有冠心病，应该禁酒的情况下，还贪杯，主动喝酒三杯，最终导致悲剧的发生，其应该承担最主要的责任。

因此，从法律上讲，无论是新郎、新娘，还是与刘某同桌喝酒的同事，他们虽然有安全保障义务，但是这种义务属于补充责任，不能将安全保障义务的边界无限扩张。

四、处理结果

法院审理后认为，李某（新娘父亲）和刘某同事对刘某患有冠心病都是知情的，因疏忽大意，没有尽到提醒、劝阻义务，存在一定过错。但刘某作为完全民事行为能力人，不顾医生的意见，也罔顾自己身体状况，主动喝酒三杯，最终导致病发抢救无效死亡。

最终，法院判刘某自己承担90%的责任，新郎、新娘一方承担5%的责任，与刘某同桌喝酒的同事，共同分担剩下的5%。

一审判决后，原告、被告不服，提起了上诉，但二审法院以事实清楚、证据确凿，适用法律正确为由，驳回了双方的上诉请求。

五、案例点评

根据《民法典》等法律规定，多数情况下应由发生人身损害的饮酒人自负损失，但如果发生以下情况，则共同饮酒人也应承担相应的赔偿责任。

1. 强迫性劝酒。比如用“不喝不够朋友”等语言刺激对方喝酒，或在对方已喝醉意识不清没有自制力的情况下，仍劝其喝酒的行为。

2. 明知道对方不能喝酒，仍劝酒。比如，明知对方身体状况，仍劝其饮酒诱发疾病等。

3. 未将醉酒者安全护送。如饮酒者已失去或即将失去对自己的控制能力，神志不清无法支配自身行为时，酒友没有将其送至医院或安全送回家中。

4. 酒后驾车未劝阻，导致发生车祸等损害的发生。这类情形，我们要极力劝阻，以免发生触犯刑事法律的行为。而且阻止酒后驾驶也可避免危害行为的发生。

“劝君更尽一杯酒，法律责任一大溜。”在酒桌上的朋友都有一个基本义务，正确地认知自己的酒量，以及把控自己酒后的行为。饮酒者在饮酒后，其辨认和控制能力减弱，与同桌饮酒人之间产生了特定的权利义务关系，同桌饮酒人不能证明对其进行了及时的劝诫和救助，故应承担一定的经济赔偿责任，如果无特殊情况，主要责任仍应当由饮酒者自行承担。

租赁合同纠纷中遭遇仲裁与诉讼交叉该如何应对

——某医科大学与某能源公司租赁合同纠纷案

广东纬韬律师事务所　刘淑娟

2019 年年初，某医科大学委托律师向广州市仲裁委员会提起要求解除与某能源公司的租赁合同并要求其腾退租赁场地的仲裁请求。该案立案后，一波三折，该能源公司为拖延履行义务，先玩失踪，后在广州市仲裁委员会开庭前一天出现，以已经向广州市中级人民法院提起确认仲裁协议无效为理由要求广州市仲裁委中止审理该案，在仲裁期间该能源公司又向广州市某区法院提起诉讼，要求某医科大学为其办理许可证的不相关的诉讼请求，以企图拖延仲裁期间。在广州市仲裁委员会出具了生效裁决书后，某能源公司又向广州市中级人民法院提起撤销生效的仲裁裁决的诉讼。该能源公司所提起所有诉讼均被广州市中级人民法院判决驳回其诉讼请求。

一、案情介绍

2012 年的某天，某医科大学与某能源公司签订了一份租赁合同，双方明确约定租赁场地的位置和面积、租金数额、违约责任、租期等相关合同条款。2013 年 6 月，某医科大学与某能源公司又签订了一份补充协议，约定由某能源公司注册成立一家新能源公司，由该新注册的能源公司 A 与某医科大学对接相关租赁的业务。之后在租赁合同的履行过程中某医科大学发现交纳租金的主体是另外的公司 B。某医科大学再三向某能源公司询问，某能源公司坚称只是名字发生了变化而已，但某医科大学通过网上查询某能源公司并没有发生名字的变更。某医科大学百思不得其解，为什么某能源公司在正常经营的过程中会让第三人公司 B 来交纳租金？

二、法律分析

某医科大学带着一肚子的疑问来找律师进行咨询，律师经过网上企业注册信息查询发现某能源公司与某公司 B 风马牛不相及，二者之间一点关系也没有，而且某区环保局曾经对某公司 B 因在涉案的租赁场地上有违法行为进行过处罚。最大的可能是某能源公司将某医科大学租给其的场地非法转租给了某公司 B。

律师通过查看某医科大学与某能源公司签订的租赁合同及其补充协议发现，合同的相关条款有约定某能源公司未经某医科大学书面同意不得非法转租其所承租的场地，也不得在涉案的场地上进行违法行为，否则视为某能源公司违约，某医科大学可单方解除合同。某能源公司所成立的某能源公司 A 只是与某医科大学对接租赁业务，但某医科大学与某能源公司租赁合同项下的相关义务仍由某能源公司负责，某医科大学与某能源公司签订的租赁合同及其补充协议约定发生争议由广州市仲裁委员会解决。当时是在《民法典》没有实施的情形下，是适用《合同法》第九十四条和第二百二十四条等相关法律的规定的。因此，律师认为某医科大学可向广州市仲裁委员会提起仲裁，要求解除某医科大学与某能源公司签订的租赁合同及其补充协议，并要求某能源公司腾退涉案的租赁场地。

三、处理过程

律师在接受某医科大学的委托后，立即向广州市仲裁委员会本提起了仲裁，申请仲裁委裁决解除某医科大学与某能源公司签订的租赁合同及其补充协议，同时要求仲裁委裁决某医科大学在涉案的租赁合同及其补充协议解除后的 30 日内由某能源公司向某医科大学退还涉案的租赁场地。广州市仲裁委员会受理本案后，向某能源公司依法送达仲裁材料，但某能源公司玩起了失踪，广州市仲裁委员会只能通过公告送达相关仲裁材料。在该案开庭的前一日，某能源公司突然向广州市中级人民法院提起了确认仲裁协议无效的诉讼，广州仲裁委员会在开庭前的一个小时突然通知律师取消开庭。律师据理依法力争，认为在开庭前广州市仲裁委员会没有收到某能源公司提交的向广州市中级人民法院要求确认仲裁协议无效的受理通知书的情形下，广州市仲裁委员会如果取消开庭就涉嫌违法。最后广州市仲裁委员会按原定时间开庭，在开庭的过程中某能源公司又出乎意料地承认涉案的租赁协议及其补充协议全部有效，显而易见其向广州市中级人民法院提起的确认仲裁协议无效的诉讼属于恶意诉讼。广州市仲裁委员会依职权向某区工商局调取了某能源公司的备案材料，其中的一份股份转让合同明确约定了某能源公司退出涉案的租赁场地，其不再与涉案的租赁场地有任何关系，某公司 B 受让某能源公司转给其的股份并履行涉案场地的相关义务。至此真相大白，某能源公司实际上已经将涉案的场地非法转租给某公司 B，所以后来向某医科大学交纳租金的是某公司 B。某能源公司当庭也不否认其被环保局处罚的行政违法行为。之后，某能源公司还向某区法院起诉请求法院判决某医科大学办理特许经营许可证。但两者之间根本就没有签订任何这方面的协议。

四、处理结果

广州市中级人民法院依法裁定驳回某能源公司要求确认仲裁无效的诉讼请求；某区法院判决驳回了某能源公司要求判决某医科大学办理特许经营许可证的诉讼请求；广州市仲裁委员会裁决解除某医科大学与某能源公司签订的租赁合同及其补充协议，同时裁决某医科大学在涉案的租赁合同及其补充协议解除后的 30 日内由某能源公司向某医科大学退还涉案的租赁场地。至此，某医科大学收回了涉案的租赁场地，避免了被非法转租后所可能承担的法律风险。

五、案例点评

该案一波三折，尽管某能源公司想通过法律赋予其的权利设置层层障碍，以拖延退出租赁场地的时间，但由于某医科大学与其签订的租赁协议及其补充协议有关违约解除合同的情形的明确约定，且《合同法》也有关于一方解除合同的法定情形，其无法脱身。法网恢恢，疏而不漏，作为合同签约方必须依约办事，且某能源公司在某区法院提起的双方根本没有约定办理特许经营许可证条款的诉讼有可能触及虚假诉讼的底线，一旦法院动真格的，无异于玩火自焚。所以律师奉劝各位签约者一定要遵守法律规定，诚信履行合同义务。

亡父私下将离婚约定归儿子房屋设立担保，房屋保卫战何去何从

——近亲属对不动产的抵押行为与居住权发生冲突时该怎么办

广东大同律师事务所　劳静珊　刘小芳

一、案情介绍

小刘系刘某与夏某的儿子，今年 12 岁。刘某系李某之子，刘某已于 2018 年 11 月去世。

2015 年，夏某因刘某长期沉迷赌博，双方感情不和，协议离婚并于 2015 年 6 月 6 日签订了《离婚协议书》，协议约定财产分配："位于广州市越秀区某号大院某栋 207 房壹套，此房归婚生儿子小刘所有，因小朋友未成年，暂不进行过户，在小刘成年后，刘某有协助小刘办理住房所有权过户的义务。夏某和小刘在离婚后享有此住房的居住权。此房不能单方面进行交易，如因特殊情况需要进行交易则需征得夏某和刘某双方面的授权后才能进行交易。"协议签署后，刘某即将房屋交付给小刘和夏某使用，并把房屋产权证原件交给夏某保管，夏某母子两人便一直居住在案涉房屋。2015 年，按当时政策，房产不能登记在未成年人名下。后来，刘某去世。

2021 年 4 月 14 日，周某向广州市越秀区人民法院起诉李某、小刘（被继承人债务清偿纠纷），要求二人在继承借款人刘某遗产范围内清偿刘某借款本金 80 万元与利息，合计 130 万余元，并要求实现案涉房屋的抵押权（30 万元）。2021 年 8 月 6 日经小刘与李某通过委托律师到房管部门调取档

案得知，2018 年 3 月，刘某曾向周某借款 30 万元，并于 2018 年 3 月 21 日办理了抵押登记，抵押债权最高额为 30 万元。但李某与夏某都表示，周某主张的所有款项极有可能都是赌债，因为周某就是刘某的麻将朋友，而且刘某在 2018 年期间经常参与网络赌博。现在周某向李某和小刘要求其在继承刘某遗产的范围内还款，小刘居住的房屋要被用于亡父的债务清偿了吗？

二、法律分析

（一）该案离婚协议约定房屋归小刘是否有法律效力，涉案房产是属于小刘的财产，还是属于刘某的遗产？刘某在离婚协议上的约定属于其对小刘的赠与行为吗，办理抵押视为撤销赠与吗？

2015 年夏某与刘某离婚析产时，《离婚协议书》经过登记备案是合法有效的文件。夏某与刘某离婚时已约定案涉房屋归小刘所有，仅是因当年的政策无法将房屋登记在未成年人名下，才会约定在小刘成年后过户，并明确约定了刘某有协助小刘办理房屋所有权过户的义务。而且，事实上自 2015 年 6 月 6 日后，小刘跟母亲夏某便实际占有、使用案涉房屋。笔者认为案涉房屋所有权已经离婚协议的约定发生变动，案涉房屋事实上应属于小刘个人所有的财产，只是未办理过户登记，所以小刘即使没有房屋的物权，也有物权请求权。而周某的权利是债权请求权，抵押权也只有 30 万元，不应阻却小刘物权的确认。

而且案涉《离婚协议书》属于家事合同，家事合同的基础是基于姻亲关系或血缘关系，物权变动以当事人合意为优先考量因素，与陌生人之间纯粹因买卖、互易等基础事实而单纯适用的《合同法》《物权法》有区别，不能仅以物权外观作为判断财产权属的依据。根据最高人民法院《关于适用〈中华人民共和国婚姻法〉若干问题的解释（二）》（已失效）第八条第一款的规定，离婚协议中关于财产分割的条款或者当事人因离婚就财产分割达成的协议，对男女双方具有法律约束力。因此，在《离婚协议书》未被确定为无效，未被撤销的情况下，涉案房屋应根据《离婚协议书》的约定，认定为小刘所有的财产。

此外，根据特别法优于一般法的原则，该案纠纷应当优先适用《婚姻法》的规定，离婚协议约定案涉房屋归小刘所有并非单纯赠与，刘某无权行使任意撤销权，其事实上也不可能行使。普通赠与合同是赠与人将自己的财产无偿给予受赠人，而在民政部门登记离婚时达成的财产分割协议所涉及的赠与条款，涉及身份关系、财产分割、子女抚养等，各条款之间相互关联，与解除婚姻关系密不可分。夫妻双方是在综合考虑各种因素的前提下才同意离婚的，夫妻双方基于离婚事由将财产处分给子女的行为，可视为一种附协议离婚条件的赠与行为。夫妻关于财产关系的约定以财产关系为内容，属于《合同法》的调整范围，但应当优先适用《婚姻法》等有关法律。原《合同法》第一百八十六条规定了赠与人的任意撤销权，即赠与人不需要任何理由，在赠与财产的权利转移之前均可以撤销。[①] 而最高人民法院《关于适用〈中华人民共和国婚姻法〉若干问题的解释（二）》第八条则强调了离婚协议中财产分割条款的法律约束力，以离婚协议中赠与条款的法律约束力对抗任意撤销权的任意性，根据特别法优于一般法的原则，该案纠纷应当优先适用该规定，离婚协议中的财产分割条款不可擅自变更或者撤销，除非离婚协议无效或者被撤销。然而该案中，刘某与夏某的婚姻关系早已解除，并且刘某已经死亡，因此，案涉离婚协议不可能无效或者被撤销，离婚协议中的赠与条款也不可能无效或撤销。

小刘对案涉房屋所享有的物权请求权与周某债权的请求权在若干方面存在不同，并因此具有优先于周某债权请求权的效力。理由如下。

（1）从成立时间上看，小刘的物权请求权形成于 2015 年 6 月 6 日《离婚协议书》生效时，周某所主张的与刘某的借贷关系，发生在 2018 年 3 月 29 日之后，可见，小刘的物权请求权，早于周某与父亲刘某之间民间借贷纠纷所形成的金钱债权，不存在恶意串通逃避债务的可能。

（2）从内容上看，小刘的请求权系针对整个涉案房产的请求，而周某的债权为金钱债权，对涉案房屋享有的抵押债权最高额仅为 30 万元，其余债权并未指向特定的财产。而该案中，自 2015 年 6 月 6 日两原告即占有、使用整个案涉房屋。

---

① 在《民法典》中相关规定见第 658 条。

（3）从性质上看，周某与刘某之间的金钱债权，系夏某与刘某的婚姻关系解除后发生的，属于刘某的个人债务。在该债权债务发生之时，案涉房屋实质上已经因离婚协议的约定而不再成为刘某的责任财产。因此，在刘某交易时以及最终形成金钱债权的过程中，案涉房屋都未影响到刘某的责任财产。在此意义上，小刘的物权请求权即使排除周某债权的执行，也并未对周某债权的实现形成不利影响。

（4）从案涉房屋未能办理所有权转移登记的原因来看，经咨询房管部门，因2015年的房屋登记政策并不允许将房屋登记在未成年名下，未能办理产权转移登记的原因并不归结于小刘及其父母。

（5）从发生的根源上看，涉案房产系夏某与刘某婚姻关系存续期间合法产生的夫妻共同财产，在夏某与刘某婚姻关系解除之时约定涉案房产归小刘所有。从功能上看，该房产具有为未成年人小刘及夏某提供生活保障的功能，也是对无过错方夏某与婚生子小刘的补偿。与周某的金钱债权相比，小刘及夏某享有的请求权在伦理上具有一定的优先性。

（二）2015年离婚协议能否约定房屋居住权？该居住权与现在《民法典》中的居住权是否一样？

我们查阅资料发现，在《民法典》施行前，对离婚约定居住权有相关法律规定，实际司法实务也承认居住权。但该居住权与现在《民法典》约定的具有用益物权性质的居住权不一致。

首先，最高人民法院《关于适用〈中华人民共和国婚姻法〉若干问题的解释（一）》（已失效）第二十七条第三款规定："离婚时，一方以个人财产中的住房对生活困难者进行帮助的形式，可以是房屋的居住权或者房屋的所有权。"因此，案涉居住权的设定不违反法律、行政法规的强制规定，合法且有效。

其次，夏某与刘某于2015年6月6日离婚，在《民法典》施行前，不适用《民法典》关于居住权需要登记的规定，因此，案涉居住权的设立不具有权利瑕疵。

再次，案涉居住权的设立效力显然优先于抵押权的效力。案涉居住权的设立远远早于第三人2018年所发生的抵押权的登记，居住权是针对全房屋的，而第三人主张的抵押权只有30万元。因此，案涉居住权也不应受事后抵押权的影响（就如《民法典》第四百零五条关于抵押权和租赁关系之间的效力等级的约定，在先的租赁权不受在后的抵押权的限制）。

最后，案涉居住权约定是对未成年子女，以及离异配偶生活的保障。事实上，小刘从小在案涉房屋长大，父母离婚后依然与母亲夏某居住在案涉房屋，在房屋附近上学，小刘与母亲夏某实际占有并使用了案涉房屋多年。该房屋具有保障小刘及其母亲夏某生活居住所需的功能，是对孤儿寡母这一弱势群体的保护。所以我们认为小刘与夏某有权另案对案涉房屋主张终身居住权。

（三）小刘能否起诉确认房产归自己所有？

不动产物权的登记效力在于登记的公示公信力，登记生效规则本身并未排斥事实物权和真实权利人的存在，也并不意味着登记的权利人就是物权的真实权利人。物权归属的判断是一个事实判断，需要依赖证据证明。利害关系人如有证据，登记形成的法律物权可以被推翻。

法律依据：

①原《物权法》第三十三条规定，因物权的归属、内容发生争议的，利害关系人可以请求确认权利。[①]

②《民法典》第二百一十六条第一款规定："不动产登记簿是物权归属和内容的根据。"

据此，不动产登记簿记载的权利人，可以推定为真正权利人，但真正权利人可以通过反证推翻此种推定，其方式既可以是提起确权之诉，也可以是提起执行异议之诉。[②]

（四）有抵押权的房屋能否再进行确权？

《民法典》第四百零六条规定抵押财产可以自由转让，不需要抵押权人

---

① 在《民法典》中该条为第234条。

② 参见《民法典物权编理解与适用》第1037页。

同意，由于抵押权具有追及力，确认涉案207房并不会损害周某的抵押权，何况上诉人愿意提供30万元足额现金涂销该等抵押权，亦可应法院要求提存。因此确认涉案207房归小刘所有具备法律依据，涉案抵押权的存在，不影响确认涉案207房归小刘所有。

根据《民法典》第四百零六条规定："抵押期间，抵押人可以转让抵押财产。当事人另有约定的，按照其约定。抵押财产转让的，抵押权不受影响。抵押人转让抵押财产的，应当及时通知抵押权人。抵押权人能够证明抵押财产转让可能损害抵押权的，可以请求抵押人将转让所得的价款向抵押权人提前清偿债务或者提存。转让的价款超过债权数额的部分归抵押人所有，不足部分由债务人清偿。"也就是说，在转让设有抵押权的财产时，抵押人现仅负有通知义务，而不再要求必须获得抵押权人的同意。此时抵押权不受影响，具有追及效力，抵押权人仍能依法主张财产上的抵押权，而不受抵押物流转的影响。

而在该案中，涉案207房市场价值130余万元，而周某的抵押权最高数额仅30万元，并不会损害周某的抵押权。小刘作为涉案房屋的真实权利人，如仅因30万元的抵押权金额即否定小刘对涉案房屋的所有权，小刘的合法权益将得不到救济。

由上可知，抵押权的本质是以取得标的物的交换价值为其内容，而非禁止物的流转。所有权作为一种完全权利，所有权人应完全地享有占有、使用、收益、处分所有物的权利。因此，确认涉案207房归小刘所有具备法律依据，涉案抵押权的存在，不影响确认涉案207房归小刘所有。

三、处理过程

在无充分证据证明周某诉请的借款为赌债与赌博款项的情况下，一审法院在被继承人债务清偿份额案件中，确认了刘某130多万元债务，并要求小刘与李某在刘某遗产范围内清偿债务。因此，为了避免小刘所住房屋以刘某遗产被执行处理，笔者建议小刘尽快提起确权之诉，以阻却房屋被执行，而夏某也可主张离婚协议里约定的居住权利，并在该案中追加周某为第三人，表示同意清偿其30万元的抵押权，以保证过户的可能性。

小刘、夏某提起了确权之诉，然而一审法院并未支持确权诉求，二审期间为了明确抵押的房屋不存在过户障碍，笔者专门咨询了不动产登记部门，不动产登记部门明确回复：根据《民法典》第四百零六条的规定，抵押权的存在，不影响房屋的转让和过户手续办理。由此可依据该份答复向法院解释：涉案房屋归小刘所有也不存在行政障碍。

四、处理结果

在确权之诉中，一审法院依据同一法院此前被继承人代为清偿案的一审判决，认为周某作为第三人为善意取得案涉房屋的抵押权，而离婚协议是内部协议，不能以内部协议对抗善意第三人。而且原告提出代偿 30 万元债务以涂销抵押登记，未经周某同意，故原告依据《离婚协议书》的约定要求确认案涉房屋归原告以及由周某涂销抵押登记，没有依据，所以驳回确权诉请。而对于居住权，法院认定夏某与周某离婚时没有居住权这一用益物权，现刘某已经死亡，不能设立居住权，且周某已经对房屋享有抵押权的情况下，确认两原告享有居住权，明显会使抵押财产价值减少，损害周某作为善意第三人的合法权益。

二审期间，周某诉小刘和李某的被继承人代为清偿案件终审维持原判，涉案房屋被查封。二审法院合议庭认为：案件应以执行异议程序进行处理，撤销一审的判决，驳回小刘与夏某的起诉。在笔者看来，把不利的一审判决撤销，也是二审法院认为一审法院直接判决小刘没有房屋权益是错误的，也算是一种胜利。

现小刘与李某均对涉案房屋提起了执行异议，执行异议法院还未出具裁定结果。如果被驳回，小刘将提起执行异议之诉。

五、案例点评

对协议离婚，还是建议当事人委托专业的律师对离婚协议进行起草，以明确离婚协议的约定合法合规且具有可执行性。对财产方面的分配，约定夫妻共同财产或者一方婚前财产归孩子所有的，应尽快办理物权变更登记，以免日后发生类似该案的纠纷，损害孩子与无过错方的利益。

而对设有抵押的房屋，《民法典》已经明确规定了同样可以办理过户，该规定对灵活房屋交易，保证抵押权人的抵押权得以实现，都具有现实积极意义，抵押权人不应以小额的抵押债权，阻却房屋的流转。

离婚后财产纠纷中当事人应怎样履行证明责任

——萧女士与谢某离婚后财产纠纷案

广东利悦律师事务所　陈新端

一、案情介绍

萧女士与谢某原为夫妻关系，双方通过自由恋爱结婚，有一定感情基础，婚后育有一女。萧女士与谢某结婚后，发现谢某有赌博恶习，婚前已经输掉了大量金钱，谢某的家人还曾卖房为其偿还赌债，萧女士知道后虽然伤心不已，但考虑到双方已结婚，且有一定感情基础，于是苦口婆心劝说谢某戒赌，谢某虽然口头上答应，背地里却依然照赌不误，而且赌博的金额越来越大，输的钱也越来越多，女儿的出生也没能改变谢某赌博的恶习，最后发展到被人上门讨债，对萧女士的身心造成了极大的伤害。这样的情况甚至持续了几年，谢某却丝毫没有悔改之意，萧女士在被逼无奈之下，向谢某提出了离婚的要求，谢某虽然同意离婚，但要求萧女士补偿22万元给谢某，理由是两人有一间婚后购买的房屋（由于谢某没有房屋，二人婚后，萧女士的母亲李某出资作为首付款，为两人购买了一套房屋，房屋登记在萧女士名下，萧女士以个人工资进行还贷），萧女士为了及时止损，同意了谢某的要求，于是双方在2010年7月办理了离婚手续，并在《离婚协议》中约定：房屋归萧女士所有，待房产出售后萧某支付谢某22万元。

2020年5月，萧女士突然收到了法院的应诉材料，萧女士拆开后才知道是前夫谢某向从化法院起诉自己，谢某在诉状中陈述：谢某与萧女士在2010年7月12日达成了关于双方离婚的一致意见，并且在当日到从化区民政局办理离婚手续并签订《离婚协议书》。《离婚协议书》中财产分割一项约定萧女士向谢某支付22万元，但在签订《离婚协议书》后，萧女士并未如约向谢某履行支付义务。谢某于2018年7月以萧女士未如约履行支付义务为由将萧女士起诉至广州市从化区人民法院，萧女士收到起诉书后，主动联系谢某进行协商。协商过程中，萧女士要求谢某出具收款收据且立即向广州市从化区人民法院提交撤诉申请，同时萧女士承诺会在谢某撤诉后7天内向谢某履行支付22万元的义务，谢某出于信任，同意了萧女士的提议。达成协议后，谢某告约向萧女士出具了收款收据，同时于2018年8月15日向法院提出撤诉申请。但萧女士在收到收款收据及法院出具的民事裁定书后，并未如约向支付22万元，并且对谢某之后多次的催告不予理会，萧女士的行为已侵犯谢某的利益，于是谢某向法院提起诉讼。

看到前夫谢某在诉状中的陈述，萧女士既感到气愤又十分慌张，一方面是由于谢某的陈述完全不符合事实，另一方面是又害怕需要向前夫支付这22万元，于是萧女士找到村法律顾问陈律师进行咨询，并委托陈律师作为她的代理人出庭，为她争取权益。

二、法律分析

陈律师在听完萧女士的陈述，并详细询问了萧女士与谢某达成离婚协议的前因后果后，安慰萧女士不用慌张，为萧女士对案件进行了详细的分析。此案属于离婚后财产纠纷，根据萧女士的陈述，谢某的诉讼请求是没有事实和法律依据的，在她与谢某离婚后的2010年9月，谢某又因赌博欠下巨额赌债，被债主上门讨债，于是恳求萧女士将位于从化市××街××路××大街××房的房屋向广州市农商行抵押贷款35万元，然后由萧女士的母亲李某某以提取现金的形式将35万元交给谢某偿还赌债。萧女士念在多年夫妻情分及女儿的份上，虽然已经与谢某离婚，但还是同意了谢某的请求，配合谢某向广州农商银行贷款35万元，并让母亲李某某将上述款项交给谢某，其后萧女士自己向银行还款22万元，即萧女士已经履行了她在《离婚协议书》中约定的支付给谢某22万元的义务，无须再向谢某支付款项。萧女士在听完陈律师的分析后，心情才安稳下来。

三、处理过程

（一）准备充足证据，形成完整证据链条

虽然萧女士手上有谢某出具的声明及收据，但由于萧女士支付给谢某 22 万元的方式比较特殊，并不是直接向谢某转账，而是以代为偿还银行贷款的方式来履行，为了强化证据证明力，形成完整的证据链条，需要萧女士提供已经代谢某偿还 22 万元贷款的证据材料。陈律师对案件进行了深入分析，为萧女士梳理了案件需要提供的证据清单，包括贷款合同、贷款发放记录、转账记录、申请提前还贷的记录、萧女士到银行取款的记录、萧女士将款项存入谢某账户的记录，另外加上谢某出具的声明、收据等，使整个案件的证据形成完整的链条，与萧女士的陈述能够相互印证，有效地支撑了萧女士陈述的事实。

（二）认真撰写答辩状和代理词，使法官能够清晰了解整个事情来龙去脉，准确地认定案件事实

陈律师通过答辩状和代理词向法庭披露了整个事情的来龙去脉，向法官解释了萧女士取现金后再存入谢某账户用于提前还贷的原因，并阐述了谢某之所以再次提起诉讼是因为又欠下赌债。

四、处理结果

法院在经过审理后，认定萧女士提交的证据足以证实其已向谢某履行了支付 22 万元款项的义务，判决驳回谢某的全部诉讼请求。判决送达后，萧女士与谢某均未上诉，该判决生效。

五、案例点评

此案是因离婚引发的财产纠纷，作为女性，本身在家庭财产的支配中就处于弱势地位，在离婚案件中，也往往容易成为财产被侵害的一方，所以，为了避免因离婚导致财产纠纷，甚至无辜承担债务，女性在处理离婚事项时要慎重签署各类协议，而且要有保存证据的意识，切不可一时地感情用事，答应另一方无理的要求，导致后续承担法律责任。

离婚协议能否免除父母对子女抚养的法定义务

——一宗为智障儿童追讨抚养费的案件

国信信扬律师事务所　罗　芝

一、案情介绍

2009年2月刘某与冯某于结婚，当年9月3日生下儿子小冯，刘某称儿子小冯在2010年9月即一岁的时候打预防针后影响智力，夫妻俩经常因小孩的事吵架，感情最终破裂，刘某与冯某在2014年6月13日双方通过协议离婚。由于小冯存在智障问题，并非一个正常孩子，离婚时冯某不同意与儿子一起生活，刘某只能承担起母亲责任，挑起抚养儿子的重任，且法律意识淡薄，在无奈之下签订不公平的《离婚协议》，此协议只有义务没有权利。《离婚协议》约定："儿子由女方携带抚养，并由女方承担全部抚养费用至儿子独立生活时止；无须要处理的夫妻共同财产。"冯某2014年7月之后不但没有支付抚养费，且一直无法联系。中国残疾人联合会于2013年6月25日也颁发给小冯《残疾人证》，认定其属于一级残疾人。由于文化低，为了抚养儿子，刘某如今还在上三班倒的苦力工作，即经常上夜班至通宵，但还是不够维持正常的家庭开支。刘某找到天河区某居委会值班律师咨询：《离婚协议》中没有约定被告每月支付抚养费，如今因生活压力越来越大，可否向儿子的亲生父亲主张抚养费？律师告诉刘某，根据原《婚姻法》第二十一条第一款、第二款规定，"父母对子女有抚养教育的义务；子女对父母有赡养扶助的义务。父母不履行抚养义务时，未成年的或不能独立生活的子女，有要求父母给抚养费的权利”,[①] 刘某可以向法院提起诉讼，向孩子父亲主张抚养费。因此，刘某作为小冯的法定监护人，决定以儿子小冯的名义，向冯某提起诉讼，追讨抚养费。

二、法律分析

该案的争议焦点是夫妻离婚时，在《离婚协议》中约定一方不需要支付抚养费，事后因情况发生变化，另一方在抚养小孩时生活困难，可否向另一方主张支付抚养费?

依据原《婚姻法》第二十一条规定，“父母对子女有抚养教育的义务；子女对父母有赡养扶助的义务。父母不履行抚养义务时，未成年的或不能独立生活的子女，有要求父母给抚养费的权利”。[②] 第三十六条规定，“父母与子女间的关系，不因父母离婚而消除。离婚后，子女无论由父或母直接抚养，仍是父母双方的子女。离婚后，父母对于子女仍有抚养和教育的权利和义务。离婚后，哺乳期内的子女，以随哺乳的母亲抚养为原则。哺乳期后的子女，如双方因抚养问题发生争执不能达成协议时，由人民法院根据子女的权益和双方的具体情况判决”。[③] 第三十七条规定，“离婚后，一方抚养的子女，另一方应负担必要的生活费和教育费的一部或全部，负担费用的多少和期限的长短，由双方协议；协议不成时，由人民法院判决。关于子女生活费和教育费的协议或判决，不妨碍子女在必要时向父母任何一方提出超过协议或判决原定数额的合理要求”[④] 最高人民法院印发《〈关于人民法院审理离婚案件处理子女抚养问题的若干具体意见〉的通知》（已失效）第七条规定，子女抚育费的数额，可根据子女的实际需要、父母双方的负担能力和当地的实际生活水平确定。

该案中刘某在与冯某在离婚时，由于刘某为人老实、善良且法律意识淡薄，才与冯某签订不公平的《离婚协议》，5 年以来，凭自己日夜干体力活，

---

① 《民法典》中此处引用的内容规定在第 26 条和第 1067 条。

② 《民法典》中该条内容见第 26 条和第 1067 条。

③ 《民法典》中该条内容见第 1084 条。

④ 《民法典》中该条内容见第 1085 条。

抚养年幼的儿子，但是由于小冯是属于一级残疾人，不享受正常的九年义务教育，只能找对应的学校去上学。刘某为了抚养小冯，至今还在便利店靠搬运东西维持生计，一个月工资也仅是3000～4000元，但由于上班没办法自己看管小冯（需要有人看管，否则担心其伤到自己或别人），要让自己的母亲帮忙，一个月仅生活费就3000元左右，自己的母亲还没计算看管工资，而交给广州市越秀区至灵培训学校的教育费每月需要3036元，即一个月的固定支出已达6036元，还没有包括儿子购买日常用品、衣服的费用以及生病的医疗费，且随着物价上涨、居民生活水平提高、孩子自身学习、生长需要，特别是小冯上学之后，学费也是逐渐增长，小冯外婆年龄的增长，刘某的生活压力逐年增加，仅靠其一个人赚钱，根本无法抚养小冯，冯某作为小冯的婚生父亲，有抚养小冯的法定义务，小冯的抚养费（含生活费、教育费、医疗费）应该由冯某与原告的母亲刘某共同分担。

三、处理过程

社区律师在代理案件后，收集证据、撰写起诉状后发现了新问题，根据管辖相关规定："抚养费纠纷由被告住所地法院管辖，被告住所地与经常居住地不一致的，由经常居住地的法院管辖。"如今小冯及母亲没有冯某任何联系方式，也不清楚冯某身处何方，且冯某的身份信息是广东省雷州人，正常要到广东省雷州提起诉讼，如到广州市之外诉讼将增加原告的维权成本及维权时间，关键是刘某既要上班还要照顾原告（要时刻有人看管），到外地诉讼非常不方便。为了最大限度维护当事人合法权益，律师建议先在广州市某法院提起诉讼，让法院开《补充材料通知书》，到广州市公安局某区分局调取《广东省流动人口居住登记信息查询资料》，终于老天不负有心人，冯某刚好一周之前在广州市黄埔区办了居住登记，因此，我方就可以在广州市黄埔区人民法院提起诉讼。诉讼请求如下。

1. 判令被告冯某以每月2000元标准从2014年8月至判决生效当天向原告小冯支付暂计至2019年7月拖欠的抚养费120,000元（按每个月2000元，每年24,000元计算，暂计5年）。

2. 判令被告冯某每月5日前支付当月抚养费给原告小冯，从判决生效后次日起按每月3000元标准向原告小冯支付至原告能独立生活（因原告属于一级残疾人，即使到18周岁，还不能独立生活）。

3. 判令被告冯某承担该案全部诉讼费用。

但是，虽然已成功立案，但是立案庭工作人员多次致电原告方，是否有办法提供被告冯某的有效联系方式？原告没办法，因为已失联5年，后来律师告诉立案庭工作人员，现在原告之母刘某生活艰难，麻烦立案庭工作人员也帮忙，后来立案庭工作人员亲自到达被告冯某出租屋几次，最终才将诉讼材料送达成功。

四、处理结果

因小冯和母亲刘某在该案中的诉讼请求是合法的，应该得到法律的支持，法院裁判冯某自2019年9月起每月5日前向原告小冯支付抚养费1500元，直至小冯年满18周岁时止。

该案的关键点在于刘某与冯某离婚时所签订《离婚协议》的行为是否可以免除冯某对儿子小冯的抚养义务，当小冯生活困难时仍然可以依据我国的法律向冯某主张抚养费。并且此案件律师为小冯申请强制执行，最终联系上冯某，冯某也支付了其间的抚养费，小冯及母亲刘某实现了诉讼目的。

五、案例点评

律师在代理抚养费纠纷案件时，需要多方面去了解当事人过去、现在、未来的生活情况、收入，之后综合分析案情，即使案件目前存在的证据（如该案中《离婚协议》）对我方当事人不利，也需要在权衡利弊后再依法为当事人提起诉讼请求，收集一些对我方当事人有利的间接证据，让间接证据形成证据链，尽量还原生活事实，反映出真实法律问题，最终让法院支持我方当事人的诉讼请求，达到诉讼目的。

确认劳动关系已经超过时效，社保补缴诉求该如何解决

——巧用诉讼策略，协助劳动者追回社保权益

广东连越律师事务所　谢敬文

一、案情介绍

王某于 1993 年 12 月毕业后即入职某金融公司，此后一直在该公司任职至 2010 年 3 月。任职期间，出于各种原因某金融公司仅在 2008 年 1 月 1 日至 2010 年 3 月与王某签订书面劳动合同，社保仅从 2000 年 1 月 1 日起购买至 2010 年 3 月。此后，王某因退休待遇等问题，拟补缴 1993 年 12 月至 1999 年 12 月 31 日养老保险，但因为无劳动合同等证据，某税务局以无法证明该段时间存在劳动关系，未同意补缴养老保险。

王某于 2020 年 3 月以要求确认其与某金融公司在 1993 年 12 月至 1999 年 12 月 31 日存在劳动关系为由向广州市劳动人事争议仲裁委员会申请仲裁，该仲裁委员会以已过一年的劳动仲裁时效为由对此作出不予受理通知书。王某不服该受理通知书，向越秀区人民法院提起诉讼。诉讼过程中，王某提交自己毕业证、入职前的培训资料以及同期入职人员的证人证言等证据，越秀区人民法院经审理认定王某的诉讼请求已过一年的劳动仲裁时效并以此为由判决驳回其诉讼请求，但是在判决书法院事实查明部分确认已有证据能够认定王某与某金融公司在 1993 年 12 月至 1999 年 12 月 31 日存在劳动关系。

王某以该份生效判决，再次向某税务局投诉某金融公司未能在 1993 年 12 月至 1999 年 12 月 31 日为购买养老保险。某税务局以该份判决查明的事

实以及其他证据，确认王某与某金融公司在1993年12月至1999年12月31日存在劳动关系，并向某金融公司发出《社会保险费限期缴纳通知书》。

二、法律分析

1. 在1995年1月1日《劳动法》实施前的工作经历，只要符合劳动关系特征一样可以认定为劳动关系。

虽然我国最早明确用人单位与劳动者之间的现代劳动关系项下的权利与义务的法律，是1995年1月1日生效并实施的《劳动法》，在此之前并无明确劳动关系法律定义和法律依据，但《劳动法》是适应社会主义市场经济发展需要而产生的，是为了更好地保护劳动者权益及调整劳动关系，并非要否认1995年之前的劳动关系，只要符合劳动关系的特征，就应当认定为劳动关系。

2. 确认劳动关系属于确认之诉，但根据特别法规定仍应受一年的申请劳动仲裁时效限制。

确认之诉是指原告请求人民法院确认自己与被告之间存在或不存在某种法律关系的请求。而诉讼时效是指权利人于一定期间内不行使请求人民法院保护其民事权利的请求权，就丧失该项请求权的法律制度。诉讼时效其适用范围仅限于请求权，而确认之诉属于形成权，不适用诉讼时效的规定，所以确认之诉没有诉讼时效。虽然确认劳动关系也属于确认之诉，但是根据《民法典》第一百八十八条和《劳动争议调解仲裁法》第二条、第二十七条的规定可知，确认劳动关系有特别法律的规定，仍应受一年的申请劳动仲裁时效限制。

3. 某税务局有权直接认定王某与某金融公司在1993年12月至1999年12月31日存在劳动关系，或以生效判决查明的事实作为作出《社会保险费限期缴纳通知书》的事实依据。

按照最高人民法院作出的（2020）最高法行再507号判决书的裁判思路，某税务局在作出《社会保险费限期缴纳通知书》的程序中，有权自行直接认定双方存在劳动关系。同时，根据最高人民法院《关于行政诉讼证据若干问题的规定》第七十条规定，生效的人民法院裁判文书或者仲裁机构裁决文书确认的事实，可以作为某税务局认定存在劳动关系的事实依据，在行政诉讼中可以作为定案依据。

三、处理过程

广州市劳动人事争议仲裁委员会以《劳动争议调解仲裁法》第二条、第二十七条的规定，认为王某于2010年3月离职，但是2020年3月才申请劳动仲裁，早已超过劳动争议仲裁时效一年的法律规定，从而作出不予受理通知书。

越秀区人民法院同样认定王某请求确认劳动关系的诉讼请求，已过一年劳动仲裁时效，从而判决驳回其诉讼请求。但在判决书查明事实部分，认为结合相关证据、证人证言等能够认定王某与某金融公司在1993年12月至1999年12月31日存在客观的劳动关系。

最终某税务局以该份生效判决书为依据，向某金融公司作出《社会保险费限期缴纳通知书》，限期要求其为王某补缴1993年12月至1999年12月31日期间的养老保险。

四、处理结果

最终某金融公司根据《社会保险费限期缴纳通知书》为王某补缴了1993年12月至1999年12月31日的养老保险。

五、案例分析

该案件虽然是一起看似简单的补缴养老保险的案件，但是该案件存在多个法律问题、王某充分运用诉讼策略，最终得以补缴养老保险。

1. 该案件存在多个法律问题。

（1）为了更好地保护劳动者权益及调整劳动关系，即使在《劳动法》实施前，只要符合劳动关系的特征，仍然可以认定为劳动关系，即王某与某金融公司在1993年12月至1994年12月31日的工作关系，仍然可以认定为劳动关系。

（2）确认劳动关系虽然属于确认之诉，但因为特别法律规定仍然受一年仲裁时效的限制，劳动者在维护自身合法权益时应当及时提出主张。

2. 王某充分运用诉讼策略，最终通过生效判决查明的事实作为投诉补缴养老保险的依据。

因从某金融公司离职的时间久远、资料缺失，某税务局持谨慎态度没有认定该段时间存在劳动关系。王某通过多方补充证据，特别是找到同期入职人员作为证人，在诉讼阶段通过证人证言协助法官查明 1993 年 12 月至 1999 年 12 月 31 日与某金融公司存在劳动关系的事实，虽然判决看似被驳回，但是最重要的确认劳动关系的事实在判决书得以查明。因此，某税务局方能以该判决查明的事实确认王某与某金融公司在 1993 年 12 月至 1999 年 12 月 31 日存在劳动关系，从而要求某金融公司补缴养老保险。

怎样依法化解关联企业的集体劳动争议

——关联企业“混同用工”责任认定

广东红棉律师事务所　郑潮锐　三级律师

一、案情介绍

郭某等28名劳动者先后于2006年7月31日至2020年3月18日入职广州××医院有限公司、广州××医院，部分劳动者刚开始是与广州××医院签订劳动合同，社会保险费用也是由广州××医院缴纳，后用人单位调整为广州××医院有限公司。广州××医院有限公司与广州××医院注册地址一致，法定代表人相同，28名劳动者的工作地点、岗名均没有变化，只是签订劳动合同及社保缴纳主体发生变更。部分劳动者合同期满后未续签劳动合同继续在职上班。

2021年1月6日起广州××医院有限公司不接新诊，1月30日调整工作时间，2月5日发布停业公告。广州××医院有限公司通过银行转账的方式向所有劳动者发放工资，2020年11月至2021年1月的工资未足额发放，自2021年2月起所有劳动者的工资均没有发放。

28名劳动者情绪十分激动，纷纷表示要群体上访，不及时处理则极易发生群体事件。辖区社区居民郭某作为其中一名劳动者，找到了社区法律顾问郑潮锐律师寻求法律帮助。郑律师在了解情况后，指导他们向广州××医院有限公司所在区公共法律服务大厅寻求帮助，引导她们通过法律途径和合法表达诉求，依法有序维护自身合法权益，法援处领导对此高度重视，指派郑律师依法为28名劳动者提供法律援助。

二、法律分析

该案属于非劳动者原因造成的用人单位停工、停产，在用人单位未与劳动者解除劳动关系的情况下，劳动者不能单方以个人原因提出解除劳动关系，否则很难获得经济补偿金。主要争议焦点概括如下：（1）如何确认劳动关系主体及劳动关系存续期间；（2）如何计算拖欠的工资；（3）如何计算经济补偿金及工作年限；（4）如何计算违法解除劳动合同的赔偿金及工作年限；（5）如何计算劳动合同期满后未续签劳动合同仍继续用工的双倍工资差额；（6）关于邝某要求支付疫情期间外出参加体检补贴费用和黄某要求支付参加抖音视频等宣传活动的费用；（7）广州××医院有限公司的关联主体广州××医院是否需承担连带责任。

在该案中，关于确认2020年4月30日至2021年4月30日存在劳动关系方面，劳动者均有与广州××医院有限公司签订的《劳动合同》、社保缴费历史明细、银行交易明细、离职证明等证据予以证明，足以认定劳动者与广州××医院有限公司存在劳动关系；关于未足额发放2020年11月1日至2021年1月31日工资和未发放2021年2月1日至2021年4月30日工资情况，劳动者有银行转账明细、纳税明细、社保缴费明细等予以证明，足以认定拖欠工资金额；关于劳动关系解除的经济补偿金和年限计算方面，25名劳动者均以连续未发放工资等为由单方提出解除劳动关系，符合法律规定和劳动合同约定解除条件，3名已解除劳动关系的劳动者均因广州××医院有限公司连续未发放工资而被迫解除劳动关系，上述28名劳动者的工作地点、岗名均没有变化，只是签订劳动合同主体发生变更，因此在计算经济补偿或赔偿工作年限时，应把原单位的工作年限合并为新用人单位工作年限，作为计算经济补偿金的工作年限；关于违法解除怀孕女职工的赔偿金方面，非怀孕女职工原因解除劳动关系，而是广州××医院有限公司在怀孕女职工劳动合同期内出现停工、停产，导致怀孕女职工被迫解除劳动关系，依法应当依照《劳动合同法》第八十七条规定的经济补偿金标准的二倍向劳动者支付赔偿金，理应获得支持；关于何某等3名劳动者在劳动合同期满后继续在广州××医院有限公司工作且未再续签劳动合同，用人单位应自原劳动合同期满后一个月内与劳动者签订劳动合同，否则用人单位应支付自原劳动合同期满后一个月的次日起至双方解除劳动关系之日止的双倍工资。因此，广州××医院有限公司理应按工资基数计算支付双倍工资的差额部分。

三、处理过程

2021年4月10日，郑律师引导未办理离职证明的劳动者以中国邮政特快专递方式向广州××医院有限公司邮寄《解除劳动合同通知书》，嘱咐他们按通知内容继续每天回去上班打卡至4月30日。2021年4月14日，广州××医院有限公司变更了法定代表人，所有账户内未发现存款。2021年5月6日，郑某等28名劳动者向劳动人事争议仲裁委员会申请劳动仲裁，28名劳动者仲裁请求为：（1）确认郑某等28名劳动者与广州××医院有限公司在2020年4月30日至2021年4月30日存在劳动关系；（2）请求广州××医院有限公司支付郑某等28名劳动者2020年11月1日至2021年1月31日未足额发放的工资；（3）请求广州××医院有限公司支付郑某等28名劳动者2021年2月1日至2021年4月30日未发放的工资；（4）请求广州××医院有限公司支付郑某等27名劳动者解除劳动关系经济补偿金；（5）请求广州××医院有限公司支付怀孕女职工周某违法解除劳动关系赔偿金；（6）请求广州××医院有限公司支付何某等四名劳动者未签劳动合同二倍工资；（7）请求广州××医院有限公司支付邝某疫情期间外出参加体检补贴费用；（8）请求广州××医院有限公司支付黄某参加抖音视频等宣传活动费用；（9）请求广州××医院有限公司关联主体广州××医院对上述第2~8项承担连带赔偿责任；（10）请求广州××医院有限公司的法人股东和美医疗管理咨询有限公司对上述第2~8项在认缴出资额范围内共同承担责任。

因广州××医院有限公司频繁变更法定代表人，所有账户内未有存款，将来可能存在难以执行的问题，郑律师引导劳动者在申请劳动仲裁时将广州××医院有限公司的法人股东和美医疗管理咨询有限公司列为共同承担责任的主体。后因无法向法人股东和美医疗管理咨询有限公司送达仲裁文件，需要公告送达，为避免公告送达时间过长，影响裁决时间，经28名劳动者一致同意，郑律师申请撤回第 10 项仲裁请求。鉴于用人单位存在混合用工的情形，郑律师引导 28 名劳动者通过仲裁请求第 1 项申请确认存在劳动关系的主体，以确保能在民事索赔无果情况下转向追究拖欠劳动报酬责任主体的刑事责任，达到催促其尽快还款的法律效果；此外，广州 × × 医院有限公司与广州 × × 医院注册地址一致，法定代表人相同，存在混合、共同用工的事实，对这种存在混合用工的情形，郑律师引导 28 名劳动者在申请劳动仲裁时将广州 × × 医院有限公司与广州 × × 医院作为共同被申请人，要求其共同承担责任，同时避免出现用人单位主体不适格的风险。

四、处理结果

该案经劳动人事争议仲裁委员会审理后作出裁决如下。

1. 确认申请人郑某等 28 人与广州 × × 医院有限公司在 2020 年 4 月 30 日至 2021 年 3 月 31 日存在劳动关系。

2. 该裁决发生法律效力之日起 3 日内，广州 × × 医院有限公司一次性支付申请人郑某等 28 名劳动者 2020 年 11 月至 2021 年 3 月的工资差额，合计 502, 110. 29 元。

3. 该裁决发生法律效力之日起 3 日内，广州 × × 医院有限公司一次性支付申请人郑某等 25 人解除劳动关系的经济补偿金，合计 1, 224, 810. 93 元。

4. 该裁决发生法律效力之日起 3 日内，被申请人一次性支付申请人何某 2020 年 9 月 1 日至 2021 年 3 月 31 日、马某 2020 年 12 月 1 日至 2021 年 3 月 31 日、崔某 2020 年 1 月 24 日至 2021 年 3 月 31 日未签订劳动合同二倍工资，合计 83, 984. 91 元。

5. 广州 × × 医院对第 2 ~ 4 项裁决结果承担连带支付责任。

6. 驳回申请人周某、黄某、邝某、包某等其他仲裁请求。

仲裁裁决作出后，各方当事人在法定期限内均没有向人民法院起诉，该裁决发生法律效力。28 名劳动者均按裁决结果成功追回工资等款项。

五、案例点评

该案系一起典型的集体劳动争议案，内容涉及劳动合同的订立、劳动合同的解除及终止、未签署合同二倍工资待遇、经济补偿、经济赔偿等，涵盖劳动者从入职至离开用人单位期间遇到的各种问题，这些均为劳动者维权过程中的要点、重点、难点问题。

集体劳动争议案件更因为涉及职工人数众多，社会影响较大，需要及时化解矛盾，消除隐患。而工资对劳动者来说是其全部生活来源，一旦被拖欠，就极易引发社会矛盾，发生群体事件，成为影响社会稳定的因素。

在该案中，通过充分发挥律师的专业作用，依法成功化解集体劳动争议案件的难点问题，切实维护了职工的合法权益，为劳动者挽回了经济损失合计人民币1,810,906.13元，避免了群体性事件的发生。较好地维护了社会和谐稳定。

劳动者在遇到类似问题时，应积极与用人单位协商、谈判，以维护自身合法利益。如经协商仍未达成一致，可通过劳动仲裁、诉讼等法律途径解决，做到理性维权，和谐解决劳动纠纷。

遭遇著作权侵权、经营主体注销避债该怎样应对处理

——某娱乐公司与某电商公司著作权权属、侵权纠纷一案

广东更子律师事务所　黄　焱

一、案情介绍

某娱乐公司为某美术作品的著作权人，广东省版权局对该系列作品予以登记。该娱乐公司曾获得多个奖项，在我国动漫产业内具有极高的知名度和影响力。

2021 年 4 月，某娱乐公司在某购物平台上发现，某电商公司未经授权，销售带有前述美术作品图案、文字的商品。某娱乐公司认为该电商公司侵犯其合法的著作权，遂以某电商公司法定代表人徐某为被告，向广州市某区法院提起诉讼。某娱乐公司向法院主张：1. 被告徐某停止销售侵害某娱乐公司美术作品著作权的产品，并销毁侵权产品库存；2. 徐某赔偿某娱乐公司经济损失及制止侵权行为所支付的合理支出（包括但不限于取证费、公证费、律师费）共计 40,000 元；3. 该案全部诉讼费用由徐某承担。

二、法律分析

（一）关于某娱乐公司著作权被侵权事实的认定

最高人民法院《关于审理著作权民事纠纷案件适用法律若干问题的解释》第七条第一款规定，当事人提供的涉及著作权的底稿、原件、合法出

版物、著作权登记证书、认证机构出具的证明、取得权利的合同等，可以作为证据。在该案中，某娱乐公司向法院提交了美术作品的登记证书。在没有其他相反证据的情况下，对某娱乐公司的著作权权属可予以认定。

将侵权产品的整体形象与某娱乐公司主张的美术作品进行比较时，在视觉观感上，二者造型特点、外部形态、线条图形组合等方面无明显差别，已构成实质性的近似。此外，某娱乐公司提供了某电商公司名下网店销售被诉侵权产品事实的证据，某娱乐公司提供了购买订单、收货公证文书、物流单据等证据予以证明，基本确认该电商公司的侵权事实。

（二）该案中是否应追究某电商公司法定代表人的责任

《公司法》第六十三条规定，一人有限责任公司的股东不能证明公司财产独立于股东自己的财产的，应当对公司债务承担连带责任。该案中，某电商公司的法定代表人徐某作为其唯一股东，该公司性质为一人有限责任公司。虽然该电商公司已办理了注销登记，但由于徐某并未证明公司财产与其财产相对独立，因此需承担相关连带责任。

（三）该案中赔偿数额的认定

该案中，对赔偿数额的认定：在作品上，应考量案涉美术作品的类型、独创性、成本、社会知名度、社会影响力；在侵权行为上，应参考被告某电商公司、徐某的侵权行为性质及情节、该案侵权行为的持续时间、被告行为的恶意程度；在维权成本上，应审查某娱乐公司为阻止被告侵权行为所承担成本的合理性、必要性。

三、处理过程

1. 针对被告的侵权行为，某娱乐公司对诉讼做以下证据准备。

（1）出示广东省版权局出具的《作品登记证书》

广东省版权局出具的《作品登记证书》显示，该美术作品的著作权人为某娱乐公司，首次出版/制作日期及登记日期均为2013年。

（2）截取某娱乐公司网站、公众号截图

某娱乐公司提供的截图显示，该美术作品的动画于2015年在广东某电视台首播。公司官网显示相关动画的点播量已超过百亿。官方微信公众号截图显示，2016年至2020年，某娱乐公司凭借该美术作品及衍生动画作品获得若干动画奖项。

（3）收集某电商公司网店及侵权产品信息

2021年，某娱乐公司的代理律师在某网店平台一网店内购买名称为“某某书包幼儿园男女孩立体造型背包小爱款双肩包”的产品1个，购买价为28.43元。上述网店登记信息显示的经营者为某电商公司。

（4）提交证据至公证处取证

2021年，某娱乐公司的代理律师在某公证处公证员的监督下收到前述网店平台送达的快递包裹；公证员对快递内的物品进行拍照封存。后代理律师登录网店平台，查看订单内容、物流配送信息，显示购买的物品已通过快递运至某公证处公证员的监督下的收货地点。

某公证员拍摄的照片显示，上述包裹内装有1个带美术作品内容图样的书包，无生产厂家信息。

2. 对原告的主张，被告徐某辩称：案涉产品均是从其他店铺购买转销售，其未实际生产和销售侵权产品。相关商品信息是从其他网站复制。被告认为其情节轻微，且店铺的经营主体某电商公司已注销，因此不应承担责任。

四、处理结果

经法院审理，根据双方所出具的证据、事实情况，作出判决如下。

1. 被告徐某于本判决发生法律效力之日起10日内向原告赔偿经济损失以及制止侵权的合理开支共计5000元。

2. 驳回原告某娱乐公司的其他诉讼请求。

五、案例点评

法院结合证据、事实及法律规定，维护了原告公司知识产权的合法权利，确认了被告的侵权行为。当前，由于部分中小企业的经营者缺乏知识产权保护意识，认为直接复制、使用他人美术作品并无不当，市场交易上难免会存在销售侵权产品的现象。

该案中，首先，针对某电商公司的侵权行为，著作权人委托律师依法取证并提起诉讼，有利于及时通过司法途径维护合法权利。其次，法院通过确认侵权行为，结合案情判决被告承担赔偿责任，一定程度上维护了著作权人的权利。最后，即使侵权主体已注销，但在其法定代表人未能证明财产独立的情况下，法院结合案情确认了该法定代表人的侵权责任。针对当前存在的知识产权侵权行为，该判决对市场中存在的侵犯知识产权的行为具有一定警示作用。法院判决维持了公平正义，通过司法救济，为知识产权保护工作树立了正确示范。

美容整容不花钱，网络贷款来搞定，击鼓传花难为继，免费医美终爆雷

——医美机构的诈骗行为应否纳入刑事司法保护

广东南国德赛律师事务所　陈　辉

一、案情介绍

林和街道恒怡居委辖区内广州市天河区某医疗门诊部，企业地址：广州市天河区林和东路××号首层、二层，个人独资企业，法定代表人邓某，成立日期2010年9月25日，曾用名广州市天河区威××医疗门诊部（2019年9月11日停用），该企业于2019年11月11日由天河区工商行政管理局核准注销。同时，广州某医疗门诊部有限公司成立，为有限责任公司，注册资本1000万元，法定代表人邓某，股东邓某（99.9%）、邓某某（0.1%），主营范围包括医疗咨询、营养健康咨询、医疗设备租赁、护理、门诊部等业务。某医疗门诊部执有天河区卫生健康局颁发的医疗机构执业许可证，有效期2019年12月31日至2020年10月9日。

自2018年年底以来，该门诊部以使用客户肖像权为条件免费提供整容服务的模式吸引客户，客户由十几位中间人（管家）介绍加入，客户均与该门诊部签订《整形模特合作协议》和《肖像权使用协议》两份协议，《整形模特合作协议》约定客户以押金名义向门诊部缴纳高于整形项目市场价格数倍的款项，某医疗门诊部将该押金以宣传奖励金名义分期（12期或24期）返还客户。同时，针对无力支付高额押金的客户，某医疗门诊部容纳了一些网络贷款平台的客户经理现场办公，客户经理使用客户手机现场申请贷款，贷款直接转账至门诊部账户，因此，大部分客户从一个或多个贷款平

台贷款，客户依靠某医疗门诊部返还的奖励金归还平台贷款及利息，还有小部分客户使用银行信用卡支付或信用卡及贷款平台组合支付。据邓某反映：基于宣传需要，提供免费服务期间门诊部无盈利，所收取资金全部用于返还客户，累计收取金额约 8000 万～9000 万元，某医疗门诊部另需要投入中间人（管家）提成、员工工资、耗材成本等运营费用占收取金额的 50%。客户提供资料显示：该案所涉及贷款平台 42 个，信用卡涉及银行 17 家，贷款和刷卡金额在 0.5 万元到 60 万元。

2018 年底至 2019 年 9 月，某医疗门诊部使用威××名义经营，只与少量客户签订协议，某医疗门诊部运转正常。2019 年 9 月变更为某医疗门诊部后客户数量剧增，2019 年 11 月后某医疗门诊部注销，某医疗门诊部使用新成立的某门诊部有限公司名义与客户继续签订协议。受新冠疫情影响，门诊部 2020 年 2 月至 4 月未营业，导致资金链断裂，2020 年 2 月开始无法按期返还客户奖励金，连带客户无法偿还贷款。2020 年 4 月开始，某医疗门诊部陆续与部分前来催款的客户签订还款承诺书，到期未履行承诺，客户被贷款平台频繁催款，本人及亲属均受到骚扰，严重影响客户的日常生活和家庭和谐。2020 年 5 月 12 日客户开始聚集维权：5 月 12 日 15 人在门诊部聚集并报警，5 月 13 日 73 人到司法所和街综治中心反映诉求，5 月 18 日至 22 日陆续 20 人到司法所登记反映诉求，5 月 22 日，97 人到市公安局天河分局信访反映诉求，5 月 26 日到市公安局报案，5 月 29 日到省公安厅报案。

二、法律分析

社区律师介入了解该纠纷主要涉及 3 个合同法律关系，第一个是某医疗门诊部与客户间的整形合同关系，第二个是某医疗门诊部与客户间的有偿使用肖像权合同关系，第三个是客户与网贷或银行之借贷合同关系。单纯从合同主体、形式、内容等判断很难认定该经营模式有任何违法的地方。

但是，某医疗门诊部以使用客户肖像权为条件免费提供整容服务吸引客户为主要经营模式，引诱客户通过网贷、信用卡方式吸收大量资金，完全属于打着消费全返的旗号，迅速发展客户，大肆吸收社会公众资金的情况。而某医疗门诊部提供免费服务期间实际无法盈利，完全靠发展新客户收取的资金来返还客户的方式，已具有“庞氏骗局”的特征。由于疫情等客观情况某医疗门诊部无法如期履行合同约定，进而造成无法还贷的后果，表面上只是普通的合同纠纷，但实际上从头到尾都是一场精心设计的骗局。

三、处理过程

民刑争论不定，调解困难重重，维稳压力空前。

由于公安经侦部门对是否立案调查一直没有定论，只能通过司法所进行民事调解疏导矛盾，配合街道综治部门加强稳控，为此多次组织各方协商，进行法治宣传教育和法律指引，促成某医疗门诊部与客户商定了一份分期还款协议，并完成签约。但另有以林某（代表 182 人）和陈某（代表 64 人）为代表的两个客户群体不同意分期还款方案，他们各有诉求，林某群体诉求：客户自行承担贷款金额的 10%，某医疗门诊部分 3 期还清客户剩余总欠款，但某医疗门诊部法定代表人邓某表示不同意该方案，但同意继续与对方协商。陈某群体诉求：门诊部从 6 月开始，每月 15 日前还一期逾期应付款，每月 30 日前还当月应付款及利息，某医疗门诊部法定代表人邓某明确表示不同意该方案。林某和陈某等均表示不再相信邓某，拒绝再次协商，陈某等表示要向媒体曝光，林某等人扬言将不停到各级政府聚访，直至向中央反映诉求。

通过多次协调，某医疗门诊部法定代表人邓某经常迟到或以各种理由爽约，始终坚称自己没有钱，在协调会上对客户提出的问题不予回应，客户代表情绪激动，失去信任，这都给调处工作造成了很大的困难，虽然司法所和街道已经极力对双方进行劝导，但问题没有得到根本解决之前仍存在很大隐患。客户群体反映诉求强烈，拒绝再次协商，认为某医疗门诊部涉嫌经济犯罪，坚持要求公安机关立案侦查，也明确表示不走诉讼途径，稳控难度很大。邓某一直不向司法所和街道办提供客户欠款明细及某医疗门诊部收取的巨额资金流向，协调难以有进展。

四、处理结果

社区律师通过座谈沟通向司法机关提交了关于该纠纷法律分析书面的报

告，报告主要从立极美医疗门诊部（后期）和立极美医疗公司的经营模式分析，并经与已案发的云联惠、我的免费网、麦点商城、领多多等这些平台大同小异经营特征深入比较后，得出其以使用客户肖像权为条件免费提供整容服务吸引客户为主要经营模式，引诱客户通过网贷、信用卡方式吸收大量资金，属于打着消费全返的旗号，迅速发展客户，大肆吸收社会公众资金的情况，涉嫌违法。报告又从立极美医疗门诊部（后期）注销和立极美医疗公司的设立等行为入手，揭示出相关股东涉嫌逃避债务的违法行为。最终促使移交公安机关立案调查，启动刑事程序。2020 年 8 月 13 日，某医疗门诊部法定代表人邓某等 9 名犯罪嫌疑人因涉嫌诈骗罪被依法批准逮捕。

五、案例点评

该群体事件涉及门诊部主体资质完备，与受害人间的整形合同、有偿使用肖像权合同，以及受害人与网贷或银行之借贷合同等从合同主体、形式、内容等判断很难认定该经营模式有任何违法的地方，但实际却是犯罪分子实施“庞氏骗局”精心打造的合法形式外衣，玩的都是打着消费全返的旗号，大肆吸收社会公众资金的套路。该案办理经验总结对今后变换各种马甲打着消费全返的旗号的犯罪行为可以起到甄别示范作用，及时挽回受害人经济损失，维护广大人民群众的合法权益。

承租人因疫情要求减租，协商不成后擅自搬离，出租方如何维权

——疫情影响下出租人、承租人之间的利益平衡

广东港宏律师事务所　林欢挺　林　裕

租赁合同纠纷是村（社区）法律顾问较常处理的纠纷类型之一。该案涉及2020年新冠疫情暴发之初的酒店行业租赁案件，涉及非国有房产出租，受疫情影响，租金该如何酌情分摊，一方是否享有单方解除权等，该案的处理具有一定的代表性。

一、案情介绍

位于广州市番禺区南村镇××房屋27套的产权人为覃某等10人。2015年5月20日，覃某（甲方、出租方）与李某1（乙方、承租方）签订一份《商铺租赁合同书》（以下简称涉案租赁合同），由甲方将涉案房屋交付乙方，商业经营使用，租赁期6年，免租期2015年6月1日至8月31日。前三年每平方米45元，第四年起每年递增5%。乙方向甲方交纳押金70,000元。合同期满，甲方确认公寓无损坏后，无息退还，不冲减租金。租金每月5日前缴交，逾期支付，按日收应缴费额3%的滞纳金。超过10天作违约处理，甲方有权终止合同收回公寓，定金（押金）不退还，并有权追回所欠租金、违约金，要求乙方依法承担律师费、诉讼费等。合同约定乙方的紧急联系人为李某2。合同对其他事项也作了相关约定。

在合同签订的前一日，承租方向覃某转账支付押金70,000元。2015年9月29日，承租方李某1以广州番禺区南村镇××房注册某公司番禺分公

司，李某 1 为负责人。此外，承租方某公司于 2010 年 9 月 17 日成立，法定代表人为李某 1，股东为李某 1、李某 2。

承租方李某 2 多次以个人账户向覃某转账支付涉案租赁合同的租金。2020 年年初，因新冠病毒疫情影响，承租方经营惨淡，多个订单被迫取消。出租方代表覃某多次向承租方发送通知催收租金，在催收通知书上，出租方明确同意减免一个月的租金，如果承租方并未支付减免后的租金，则取消租金减免优惠，双方多次通过微信进行沟通，未能最终达成续租方案。2020 年 3 月 22 日，承租方擅自搬离，被出租方发现，在物业管理公司的见证下，承租人将涉案房屋移交给出租方，但是出租方与承租方对租金、物业费、押金等结算存在较大分歧。

受疫情的影响，关于押金退还、租金及违约金计付问题，双方意见存在分歧。出租方起诉，承租方反诉，并经历了上诉，由二审法院作出生效判决。最终，出租方顺利拿到了承租方支付的款项。

二、法律分析

（一）该案押金是否应当退还？

出租方基于善意，跟承租方沟通酌情附条件减租，但是承租方未按约定支付租金，还擅自搬离，且未结清相关费用，这使出租方很生气，找到港宏律师团队依法维权。林律师认为涉案租赁合同合法有效，对双方均具有约束力。涉案租赁合同约定期限为 6 年，疫情及疫情防控措施并未致使涉案租赁合同后续无法履行，也不必然导致合同目的无法实现。李某 1 一方不享有合同解除权，其单方退租，理应承担相应的违约责任。

但是，该案涉及新冠疫情，最高人民法院《关于依法妥善审理涉新冠肺炎疫情民事案件若干问题的指导意见（二）》第 5 条规定，承租房屋用于经营，疫情或者疫情防控措施导致承租人资金周转困难或者营业收入明显减少，出租人以承租人没有按照约定的期限支付租金为由请求解除租赁合同，由承租人承担违约责任的，人民法院不予支持。据此，林律师分析，该案有可能酌情支持没收部分押金，不一定支持没收全部押金。

（二）该案中租金及违约金应当如何计付？

如前所述，2020 年 2 月，疫情及疫情防控措施对李某 1 一方承租涉案房屋经营造成严重影响。最高人民法院《关于依法妥善审理涉新冠肺炎疫情民事案件若干问题的指导意见（二）》第六条规定“承租非国有房屋用于经营，疫情或者疫情防控措施导致承租人没有营业收入或者营业收入明显减少，继续按照原租赁合同支付租金对其明显不公平，承租人请求减免租金、延长租期或者延期支付租金的，人民法院可以引导当事人参照有关租金减免的政策进行调解；调解不成的，应当结合案件的实际情况，根据公平原则变更合同”。据此，法院可能在押金、租金和违约金三方面酌情抵扣部分，以平衡双方损失。出租方对此表示理解，只要能追讨回应得的部分即可。

（三）该案中责任承担主体是谁？

因李某 1 为合同签订主体，系合同一方当事人，理应依约承担合同义务。某公司、某番禺分公司为合同实际履行主体，应与李某 1 共同承担上述义务。李某 2 与李某 1 是夫妻关系，且李某 2 以其账户支付租金，而李某 2 也是某公司的股东，与该案存在牵连关系，有可能承担责任，但也有可能法院认为李某 2 的关系不够紧密，不承担相应责任。

三、处理过程

出租方听取林律师的分析后，认可这个分析结果，希望尽量在合法合理的范围内争取自己的合法权益。该案的原告主体较多，有 10 人，被告主体也较多，有四个自然人或法人，案件资料较多，工作量较大。承租方收到应诉资料后，基于诉讼策略，也提出了反诉。该案经历了一审、二审，全程一年多的维权，周期长，过程不易。出租方最终获得与预想一致的结果，顺利收到了相关款项。

四、处理结果

第一，因疫情及疫情防控措施对经营的影响等，二审法院适当减免李某1一方的违约责任，酌定由覃某等10人没收李某1一方50%的押金，余款35,000元予以退还。

第二，二审法院酌情减免李某1一方2020年2月租金35,000元，核算李某1一方应付2020年2月1日至3月22日租金共计92,114元，扣减覃某等10人应向李某1一方退还的押金35,000元，李某1一方仍需向覃某等10人支付租金57,114元。

第三，一审法院基于疫情影响酌情减免李某1一方逾期付款的部分违约责任，依法认定覃某等十人可主张自2020年3月22日，以李某1一方所拖欠的租金57,114元，按全国银行间同业拆借中心公布的贷款市场报价利率计算至款项清偿之日止的逾期付款违约金。二审法院对此予以维持。

第四，李某2无须承担合同责任。

五、案例点评

由于新冠疫情的影响，该案租赁合同发生了情势变更，对双方当事人的请求，法院依据公平原则变更或解除合同。同时，合同严守原则仍应坚持，在合同尚具备继续履行的条件下，不宜解除合同，而应合理协商，变更双方权利义务。在该案中，法院通过减免部分租金、酌情减轻承租方的违约责任的方式，让疫情期间当事人风险共担、共渡难关，充分保障了双方的合法权益，体现了公平原则。

用人单位否认劳动关系逃避工伤赔偿法律责任，怎么破

——工伤案件中对用人单位否认劳动关系的事实查明

国信信扬律师事务所　罗　芝

一、案情介绍

周某于2019年5月6日入职某传播有限公司（以下简称单位），任策划总监一职，工资是20,000元，双方有签订劳动合同。2020年5月6日周某摔倒左足肿胀、疼痛伴活动受限1周，于2020年5月14日至25日在暨南大学附属第一医院住院治疗。2020年5月25日经暨南大学附属第一医院诊断为：左足内侧楔骨骨折。

术后单位向广州市天河区人力资源和社会保障局申请进行工伤认定，广州市天河区人力资源和社会保障局于2020年7月20日出具《工伤认定决定书》，认定“周某受伤的情形符合《广东省工伤保险条例》第九条第五项之规定，认定为工伤”。

后周某向广州市劳动能力鉴定委员会申请劳动功能障碍程度鉴定、生活自理障碍程度等级鉴定、停工留薪期确认，广州市劳动能力鉴定委员会于2020年12月7日出具《初次鉴定（确认）结论书》，根据《劳动能力鉴定　职工工伤与职业病致残等级》国家标准，经鉴定：劳动功能障碍等级为拾级；生活自理障碍等级为未达级；停工留薪期：从2020年5月6日至9月16日。

受伤之后周某一直线上办公，停工留薪期也在家坚持线上办公，为单位提供劳动，由于单位长期拖欠工资、停止缴纳社保费用，周某无奈于2021

年1月11日向单位发出《解除劳动关系（合同）通知书》，其中陈述：现由于公司从2020年1月起拖欠薪资、社保公积金等费用缴纳，以及被单位人员于2020年12月口头告知本人于2020年6月已被“减员”，故而被迫提出离职。本人依据《劳动合同法》第三十八条的规定向单位发出本通知，2021年1月11日起本人与单位解除劳动关系。周某最后工作日为2021年1月11日。

二、法律分析

（一）申请人与被申请人之间是否存在劳动关系？

申请人与被申请人之间存在劳动关系。第一，申请人与被申请人之间存在劳动合同。第二，在庭审中，被申请人也表示《工伤认定决定书》已生效，既然双方存在工伤关系，那么前提也是双方存在劳动关系的。第三，申请人工作内容都由被申请人安排，被申请人的员工都认为张某就是老板，因此，申请人认为张某就是代表被申请人安排自己的工作，申请人也是接受被申请人的管理，且工作内容也是属于被申请人业务范围，并每月由被申请人财务发放工资，且根据劳动和社会保障部《关于确立劳动关系有关事项的通知》（2005年5月25日劳社部发〔2005〕12号）“一、用人单位招用劳动者未订立书面劳动合同，但同时具备下列情形的，劳动关系成立”的这一规定，可以证实双方存在劳动关系。

（二）被申请人是否需要支付申请人2020年1月1日至2021年1月11日期间工资及工资差额？

如前所述，既然双方存在劳动关系，2020年1月1日至2021年1月11日申请人都有提供劳动，因此，被申请人应支付这期间的工资及工资差额。

（三）被申请人是否需要支付申请人经济补偿金？

双方存在劳动关系期间，被申请人私自停缴申请人的社会保险费用，申请人于2021年1月11日发出《解除劳动关系（合同）通知书》，根据《劳动合同法》第三十八条规定，被申请人应该依法承担法律责任，即依法向申请人支付解除劳动关系经济补偿金。

（四）被申请人是否需要支付申请人的一次性伤残就业补助金？

根据《广东省工伤保险条例》“第三十二条（二）一次性伤残就业补助金：七级伤残为二十五个月的本人工资，八级伤残为十五个月的本人工资，九级伤残为八个月的本人工资，十级伤残为四个月的本人工资”的规定，被申请人需要支付申请人的一次性伤残就业补助金。

（五）被申请人是否需要返还申请人2020年6月至12月为单位垫付的单位应缴社保费用？

双方存在劳动关系期间，被申请人私自停缴申请人的社会保险费用，申请人被迫垫付公司应缴部分社保费用，被申请人理应向申请人返还。

（六）被申请人是否应向申请人开具离职证明？

根据《劳动合同法》“第五十条【劳动合同解除或者终止后双方的义务】用人单位应当在解除或者终止劳动合同时出具解除或者终止劳动合同的证明，并在十五日内为劳动者办理档案和社会保险关系转移手续”的规定，被申请人是应向申请人开具离职证明。

三、处理过程

周某于2021年2月19日向广州市总工会申请法律援助。律师接受周某委托后，认真研究案件事实情况，于2021年1月12日向广州市天河区劳动人事争议仲裁委员会申请劳动仲裁，仲裁请求事项：（1）被申请人支付2020年1月1日至2021年1月11日工资214,000元；（2）被申请人支付解除劳动关系经济补偿金48,000元；（3）被申请人支付一次性伤残就业补助金96,000元；（4）被申请人返还2020年6月至12月个人垫付的单位应缴部分社保费2931.16元；（5）被申请人开具离职证明。

四、处理结果

广州市天河区劳动人事争议仲裁委员会于2021年4月20日作出仲裁裁

决书，裁决内容如下：（1）该裁决书生效之日起3日内，被申请人一次性支付申请人2020年5月1日至2021年1月11日的工资166,436.78元；（2）该裁决书生效之日起三日内，被申请人一次性支付申请人解除劳动关系经济补偿金40,000元；（3）该裁决书生效之日起三日内，被申请人一次性支付申请人一次性伤残就业补助金80,000元；（4）该裁决书生效之日起3日内，被申请人一次性支付申请人垫付的2020年6月至12月社保单位应缴部分2932.16元；（5）该裁决书生效之日起3日内，被申请人向申请人出具解除劳动关系证明。

五、案例点评

该案虽不是最终裁决，但是，周某在劳动仲裁阶段的各项仲裁诉求均得以支持。该案案由为劳动争议，争议焦点是单位是否违反《劳动合同法》第三十八条规定且需要支付解除劳动关系的经济补偿金；单位是否需要依法支付一次性伤残就业补助金？

在申请工伤认定时，单位认可周某系其员工，承认双方存在劳动关系，后来了解到要向周某承担赔偿责任，就否认双方存在劳动关系，逞强称周某是单位法定代表人张某私自聘请的，工伤认定也是为了配合张某要求，以此来逃避法律责任是不可取的。单位作为独立民事主体，应该为自己的行为负责任，之前双方签订劳动合同，为周某缴纳社保，主动去申请认定工伤，后来了解到一次性伤残就业补助金应由单位支付，就否认客观事实，这是站不住脚的。此案例对用人单位处理类似问题具有一定的指导意义，单位应该明白自身是独立的民事主体，作出民事行为应由自己承担法律责任，最好能聘请专业顾问律师，在作出法律行为时，让律师提供专业法律意见，对整件事情利弊作出具体法律分析，不能一知半解，之后发现依法应承担法律责任时，就否定自己之前已作出的行为，以此逃避法律责任是不可取的，也站不住脚的，最终还是要受到法律的制裁。

第二部分　基层调解类案例

成功的调解，需要调解员坚持不懈的努力

——L 某与 Q 某财产损害赔偿纠纷调解过程

广东华宪润科律师事务所　杨　杨

一、案情介绍

居住在广州市番禺区化龙镇某村的 L 某发现，自 2019 年 6 月以来，其居住房屋二楼靠近屋顶的墙壁出现多处裂缝，遇到下大雨的时候，雨水也会顺着墙壁裂缝渗透进房屋，影响到 L 某一家人居住安全。L 某认为自己已经在该房屋居住了 30 多年，从来没有出现过类似的情况，认为该情况的出现与邻居 Q 某去年在该房屋旁边新修建房屋开挖地基有关，因此，其要求 Q 某承担相关的赔偿责任。但是，Q 某认为，L 某居住的该房屋所出现的问题与该房屋的长期使用有关，况且该房屋的二楼是 L 某未经政府批准而擅自加建的，Q 某不同意承担相关的赔偿责任，L 某与 Q 某由此产生邻里关系纠纷。L 某与 Q 某多次针对该问题进行协商，遗憾的是，由于双方的分歧太大，一直未能达成一致的意见。L 某与 Q 某之间的邻里关系一下子跌至冰点。L 某于 2019 年 7 月向沙亭村杨杨律师调解工作室寻求法律帮助，期望该调解工作室能够解决其房屋漏水问题，化解他与 Q 某之间的纠纷。杨杨律师接受 L 某的申请后开展该纠纷的调解。

二、法律分析

杨杨律师认为，该案的纠纷属于财产损害赔偿纠纷。

1. L 某与 Q 某是邻里关系，处理邻里关系最和谐的处理方案是什么？

2. 在没有正式走法律程序时，如何以最小成本换取最大效果？

3. 最终Q某是否对L某损失承担损害赔偿责任？

三、处理过程

（一）赶赴现场进行调查，查明双方争议焦点

为了尽快化解L某与Q某之间的纠纷，杨律师与调解工作室的成员立即赶到L某的房屋。通过现场调查，杨律师看到了L某家二楼靠近房顶的四方墙壁确实出现了一些裂缝，裂缝下方还有一些雨水渗透过的痕迹。L某认为自己的房屋始建于20世纪80年代，一直没有出现过什么问题，但是，邻居Q某去年在盖新房的过程中存在野蛮施工的情形，导致自己的房屋二层屋顶墙壁出现裂缝并渗水，因此，L某认为该房屋受损应当由其邻居Q某进行赔偿。

对L某反映的问题，其邻居Q某是否认可呢？为此，杨律师需要听听Q某的意见。接着，杨律师找到了Q某，Q某知道杨律师的来意后也很配合。Q某与杨律师进入L某二楼的房间，对L某反映的问题，Q某表示了不同的意见。Q某认为，L某的房间自修建至今已经30多年了，墙壁上的裂缝不是新痕迹，而是旧痕迹，那些裂缝并非自己家盖房子引起的，同时Q某认为，L某家房屋的二楼是未经政府批准擅自加建的，属于违法建筑。因此，Q某完全不同意向L某进行赔偿。L某与Q某双方的观点产生了严重的对立，气氛一度非常紧张。通过现场调查以及听取双方当事人的意见，杨律师找到了双方发生争议的最大焦点，即L某房屋墙壁出现的裂缝是否与Q某的施工行为存在因果关系？

（二）引导纠纷双方回到调解工作室，达成初步调解方案

为了避免双方当事人在纠纷现场发生直接冲突，杨律师引导他们回到杨杨律师调解工作室。在调解工作室，杨律师首先向双方解释本次调解的目的是化解他们之间的纠纷。作为一名驻村法律顾问，杨律师明确表示希望能够帮助他们，同时也希望双方当事人能够本着以和为贵的宗旨来处理这件事情。接着，杨律师发表了自己对该案件的看法，并指出双方争议的焦点。对L某房屋墙壁出现的裂缝是否与Q某的施工行为存在因果关系的问题，杨

律师认为应当共同委托具有资质的房屋鉴定机构进行鉴定，以鉴定机构出具的鉴定意见为准。对杨律师提出的处理意见，L 某与 Q 某都表示同意。另外，L 某同意先承担鉴定费用，而 Q 某也表态，L 某先支付鉴定费用，如果鉴定机构出具的鉴定意见书最终认为 L 某房屋的墙壁裂缝是其施工行为引起的，他愿意承担全部的鉴定费用，同时还将履行对 L 某房屋的修复义务。

看到时机成熟，杨律师引导他们双方达成一个口头协议，即 3 天内共同委托一家具有资质的鉴定机构对 L 某的房屋墙壁出现裂缝的原因进行鉴定，弄清楚该房屋裂缝是否与 Q 某的施工行为存在因果关系，最终确定双方的责任。

L 某与 Q 某都表示同意接受该口头协议的约定，L 某与 Q 某之间的纠纷暂时得到了一定程度的缓解。

（三）好事多磨，及时调整调解方案

为了尽快协助 L 某与 Q 某之间解决纠纷，杨律师在第二天就着手与相关的房屋鉴定机构进行沟通，而房屋鉴定机构给出的答复是：对房屋墙壁出现裂缝的原因进行鉴定需要法院的委托，不接受当事人的委托，况且鉴定费用将近 2 万元。

杨律师考虑到该鉴定费用太高了，不管今后由 L 某或者 Q 某承担都是一笔不小的开支，另外，如果需要法院委托才能进行鉴定的话意味着 L 某需向法院提起诉讼，一旦起诉，这两家人之间的关系就更加恶化了。

杨律师遂与调解工作室的成员针对该新情况开会进行深入的探讨，提出一个新的处理建议，即先让 L 某自行委托施工队对其墙壁的修复费用进行估算，然后再约 Q 某进行协商，看能否针对该修复费用的承担达成调解协议。

杨律师将相关情况告知 L 某后，L 某也认为该鉴定费用太高了，同时表示之前也曾委托施工队对墙壁的修复费用进行了一定的估算，费用大约几千元，而施工队还表示更换 L 某家二楼房顶原有的下水管有可能解决墙壁裂缝渗水的问题。因此，他同意杨律师的处理建议。

遗憾的是，Q 某坚持要按之前达成的口头协议来履行，要求 L 某委托

鉴定机构进行原因鉴定，否则不承担任何赔偿责任。虽经杨律师反复劝说，但Q某始终不肯作出任何让步，L某与Q某之间的纠纷调解出现了僵局。

（四）功夫不负有心人，争议纠纷得以圆满解决

虽然L某与Q某之间的纠纷调解陷入了僵局，但是，杨律师没有放弃引导他们双方进行调解。杨律师坚信自己的座右铭：成功源于坚持不懈的努力！于是，杨律师继续与Q某进行反反复复的沟通，将自己担任沙亭村驻村法律顾问多年来的心路历程向Q某进行坦诚的交流，同时反复强调和谐的邻里关系对一个人、一个家庭、一个社会的重要性，引导Q某继续以良好的心态来解决与L某之间的纠纷。最终，Q某也被杨律师的执着所感动，同意再次到调解工作室进行调解。

2019年8月9日，L某与Q某来到沙亭村杨杨律师调解工作室，杨律师和调解工作室的成员对他们的再次到来表示欢迎。接着，杨律师再次与L某、Q某分别进行深入的沟通，通过近三个小时的努力，L某与Q某之间的分歧越来越小了，他们最终在杨律师的主持下，达成了书面调解协议。主要内容是：Q某同意在本协议签署后7天内聘请施工队对L某房屋出现渗漏的二楼下水管进行更换，相关的费用由Q某承担；L某对该房屋二楼出现裂缝的墙壁修复并粉刷，相关的费用由L某承担；L某承诺：如Q某依照该协议的约定履行了相关义务，则L某承诺今后不再追究Q某任何法律责任等。

四、处理结果

该协议签署后，Q某依照该协议约定的时间聘请了施工队对L某房屋二楼的原下水管道进行了更换并支付了相关的费用，L某也对该房屋出现裂缝的墙壁进行了粉刷修复。

2019年9月中旬，杨律师到L某家进行回访。L某非常高兴地告诉杨律师，虽然过去的一个月下了几场大雨，但是，二楼的房屋没有再出现漏水的情形了，同时，他与Q某之间的关系也和好如初了。他非常真诚地感谢杨杨律师调解工作室为他们之间的纠纷达成圆满解决所付出的不懈努力。

五、案例点评

（一）充分发挥调解团队的合力

在调解 L 某与 Q 某之间的纠纷过程中，无论是到纠纷现场调查、与纠纷当事人进行沟通，还是确定最终的调解方案等，杨律师以及调解工作室的其他成员都积极参与其中，充分发挥了调解团队的优势互补作用，从而为该次纠纷的成功调解奠定了非常重要的基础。

（二）调解方案需要根据实际情况的变化及时调整

在该案调解的过程中，L 某与 Q 某在调解团队的主持下达成了口头协议，同意共同委托具有资质的房屋鉴定机构进行原因鉴定。但是，杨律师得知进行原因鉴定需要法院委托，同时鉴定费用过高的情形后，立即告知当事人并引导他们对调解方案进行及时调整。因为执行原来的调解方案无疑会增加纠纷当事人的负担，并且也将进一步恶化当事人之间的关系，最终影响纠纷的顺利解决。因此，调解工作室及时引导纠纷当事人对调解方案进行了调整，最终有助于纠纷的圆满解决。

（三）成功的调解需要调解员坚持不懈的努力

每一起纠纷的调解都不是一件容易的事情。在该案调解过程中，特别是原先的调解方案出现变化的时候，Q 某非常抵触，拒绝配合，但是，杨律师没有退缩，反反复复与 Q 某进行坦诚沟通，最终用自己的专业、执着和真诚打动了 Q 某，这对该纠纷的圆满解决起到了非常重要的作用。

青苗补偿引争议，律师调解化纠纷

——稳控当事人情绪，厘清争议焦点，果断提出调解方案

广东厚载律师事务所　李夏琳

一、案情介绍

吴某添、吴某来均系某镇某村某合作社社员，吴某添在土名为“石某尾”的0.752亩土地（以下简称争议地块）上种植了一些果树，并进行经营管理。后该地块被依法征收，应给予青苗权属人青苗补偿款共计36,998.4元。吴某添认为，根据“谁种归谁”的原则，该笔青苗补偿款当然应当归其所有。吴某来则表示反对，其主张吴某添实际是侵占了其土地种植果树，争议地块自20世纪80年代以来均是归其家族使用，但吴某添却罔顾该事实，擅自在争议地块上种植果树，其已多次劝阻，吴某添均未予理睬。因此，吴某来认为，吴某添所种植的果树应归其所有，青苗补偿款也均应归其所有。双方为此发生争议，至村委进行调解。

二、法律分析

《土地管理法》第四十八条第二款规定：“征收土地应当依法及时足额支付土地补偿费、安置补助费以及农村村民住宅、其他地上附着物和青苗等的补偿费用。”《土地管理法实施条例》第三十二条第二款规定：“地上附着物和青苗等的补偿费用，归其所有权人所有。”据此，青苗补偿费应当归青苗的所有权人所有。具体到该案，争议的焦点是如何判断涉案青苗的权属人问题。一般情况下，的确是按照“谁种归谁”的原则确定青苗的权属人，

但该原则的适用也是有前提条件的，即种植青苗者对土地有合法使用权。若种植青苗者系侵占他人的土地进行种植，该行为涉及侵权，其所种青苗的补偿费还按“谁种归谁”原则的话，显然对合法的土地使用权人不公平，且有鼓励侵占土地获取利益之嫌。因此，吴某添虽然是果树的种植人，由于其无法证明对争议地块有合法的使用权，将吴某添确认为青苗权属人并无充分的法律依据。现吴某来主张其才是争议地块合法使用权人，但其并未提供权属证明，且涉案青苗又并非吴某来种植，将其确认为青苗权属人，也无充分的法律依据。因此，吴某添、吴某来各自主张青苗补偿费应归自己所有，均无充分法律依据。据此，律师认为，采取调解的方式让双方同意按一定比例分配青苗补偿费，是解决该案纠纷的最佳途径。

三、处理过程

吴某添、吴某来初到村委时态度比较强硬，都认为自己应享有全部青苗补偿款。双方没说上两句就情绪激动，双方亲友也过来帮腔，场面一度混乱。在村社干部和律师的劝说下，气氛逐渐缓和。李律师即向双方做了自我介绍，亮明自己驻村法律顾问的身份，并申明站在第三方的立场，会依据法律，公平公正处理纠纷。由于律师在村里已开展法律服务较长时间，获得村干部及村民一致好评，双方对律师的专业水准和公正性非常信赖，表示愿意听取律师的意见。

李律师先向村社干部了解相关情况，根据他们的说法，争议地块确属吴某来祖辈使用，出于历史原因，并无相关书面权属凭证，但吴某添种植果树也是10年前的事，并非抢种，只是当时没有征收补偿，双方也就并未产生争议。此外，李律师还向村社干部了解到，吴某添与吴某来本是亲戚关系，平时相处不错，并无太大矛盾。

对相关事实和情况充分掌握和分析后，李律师在当事双方、村社干部均在场的情况下，从法律角度厘清了争议焦点，进行了法律分析，并据此向他们指出：（1）双方的主张均有一定道理，但理解都比较片面；（2）双方均主张自己应独占青苗补偿费是无依据的；（3）双方平日素无矛盾，有和睦相处的基础，大家应公平合理地考虑问题，以便协商解决纠纷。听取了律师的意见后，村社干部、当事双方对该案有了更为清晰的认识。

随后，为缓和矛盾，律师采取分别面谈法，将吴某添、吴某来分开后，再逐一进行沟通。一方面，李律师向吴某添指出，“谁种归谁”的理解是片面的，前提是其对土地也有合法使用权，吴某添并无证据证实其对青苗所涉土地有合法的使用权，要求全部青苗补偿费是缺乏依据的；另一方面，李律师向吴某来指出其目前无法提供争议地块的相关权属凭证，是有举证责任风险的，且青苗是吴某添很多年前就种植的，毕竟付出了金钱、时间和精力，补偿完全没份，也不合理。双方听完律师的意见和劝导后，态度已经有所松动，都初步同意按比例分配青苗补偿费。

四、处理结果

律师的专业分析，帮助当事双方、村社干部厘清了争议焦点。在律师有理有据的分析下，争议双方均认可律师提出的调解方案，最后同意按照吴某添占六成，吴某来占四成的比例分配青苗补偿费。律师为双方拟定了一份《调解协议书》，双方当即签署了该协议，握手言和，该宗纠纷成功得到化解。律师作为村的法律顾问，通过参与村内相关纠纷的调解，化解矛盾，更好地维护了村内的和谐稳定，对基层法治治理起到了重要作用。

五、案例点评

在征地拆迁的过程中，容易引发和激化各种争议和矛盾，该案就是一宗比较典型的青苗补偿费问题引发的纠纷。对于青苗补偿费的归属问题，普遍都存在“谁种谁收”的处理观念，但仅按照“谁种谁收”原则来处理青苗补偿的归属，是不全面的，还必须要审查青苗种植人使用土地的合法性。例如种植人持有合法有效的土地承包合同，自然是其合法使用土地最直接的凭证，但多数情况下，种植人是没有书面合同的，尤其是对于一些荒地、林地，在经济收益甚微的情况下，作为土地所有权人的村集体基本都是疏于管理的，并未对其他村民占有、使用这些土地进行干预，这就造成了认定土地使用权人、青苗权属人的争议和分歧。调处类似案件，应首先征询村集体对于土地使用权情况的意见，明确土地使用权人之后，再对青苗种植情况进行具体分析，结合土地使用权的合法有效性、“谁种谁收”原则，方可正确认定青苗权属人及青苗补偿的归属。

年关将近，为了千元生纠纷，律师调解，尘埃落定过好年

——站在当事人角度寻找解决方案

北京市盈科（广州）律师事务所　吴存枚

将近过年，广州市越秀区司法局农林司法所收到指派的一单金额仅涉及1000元的信访案件，信访人当时很气愤。经过村居法律顾问吴存枚律师的耐心调解，一桩纠纷终于尘埃落定，大家可以开开心心过个好年了。

一、案情介绍

2020年8月，信访被投诉人李先生与另两个合伙人甲、乙口头说要成立一个合伙企业，主要业务为拍摄，李先生负责拍照，另外合伙人甲负责拉业务，合伙人乙负责线上广告，合伙人甲用私人账户负责管钱。

2020年10月，合伙企业临时接到一宗婚礼跟拍的业务，本来应安排被投诉人李先生负责这次拍照任务，但是当天合伙企业对李先生已有另外的拍摄安排，所以另行委托投诉人温先生进行婚礼跟拍，双方约定跟拍收到的费用归温先生。当投诉人温先生按照合伙企业的委托完成跟拍后，客户并没有立即付费用给投诉人温先生或是合伙企业。一个月后，客户将费用通过微信转给被投诉人李先生。此时，被投诉人李先生与合伙人甲、乙成立的合伙企业因生意不好，经营合作不愉快，合伙人甲把账上的几千块钱全部转走了，于是李先生把这笔费用私自收下了，当温先生去向他要回1000元时，他则要求温先生去找拿走钱的合伙人甲追讨。温先生不同意，在经过了很长时间的追讨依然没能追回后，温先生选择了向“12345”进行投诉，于是有了这

一宗信访案件。

二、法律分析

上述案件涉及两个法律关系：一个是个人合伙的三个合伙人与投诉人温先生的委托合同关系；另一个是被投诉人李先生与合伙人甲乙之间的个人合伙关系。

（一）合伙人与投诉人温先生的委托合同关系

根据原《合同法》第四百零五条“受托人完成委托事务的，委托人应当向其支付报酬。因不可归责于受托人的事由，委托合同解除或者委托事务不能完成的，委托人应当向受托人支付相应的报酬。当事人另有约定的，按照其约定”① 的规定，上述案件中的三个合伙人应当向投诉人温先生支付1000 元报酬。

（二）被投诉人李先生与合伙人甲乙之间的个人合伙关系

根据原《民法通则》第三十条规定：“个人合伙是指两个以上公民按照协议，各自提供资金、实物、技术等，合伙经营、共同劳动。”② 第三十五条规定：“合伙的债务，由合伙人按照出资比例或者协议的约定，以各自的财产承担清偿责任。合伙人对合伙的债务承担连带责任，法律另有规定的除外。偿还合伙债务超过自己应当承担数额的合伙人，有权向其他合伙人追偿。”③ 上述案件中被投诉人李先生与合伙人甲乙之间口头达成协议合伙经营，合伙人对合伙的债务承担连带责任，法律另有规定的除外。因此，被投诉人李先生应当对温先生的债务承担连带责任。

合伙人对合伙的债务承担连带责任，法律另有规定的除外。偿还合伙债务超过自己应当承担数额的合伙人，有权向其他合伙人追偿。

---

① 在《民法典》中该条为第 928 条。

② 在《民法典》中合伙合同被规定在第 967 条。

③ 在《民法典》中合伙债务规定在第 973 条。

三、处理过程

经过吴存枚律师与李先生的交流，吴存枚律师首先跟其讲清楚了被投诉人李先生与合伙人之间、温先生之间的法律关系及对债务承担的原则，并向其出示了法律依据，然后向其解读了法律依据，告知其依法应该承担的责任及相应的权利。

紧接着，吴存枚律师从李先生的角度出发，告知其对待这件事采取不同的方案将会分别产生不同的后果及影响，让李先生充分考虑哪种方案对自己是最有利的，最终李先生答应现场付清费用，但要求投诉人向他道歉，他说投诉人对他和他父母进行了辱骂。

吴存枚律师跟李先生沟通后，投诉人温先生来到了农林司法所，于是吴存枚律师单独跟其进行了交流，指出了其采取辱骂李先生父母的方式不对，并把李先生的要求跟他进行说明，温先生最终也决定向李先生进行口头道歉。

四、处理结果

在投诉人温先生与被投诉人李先生双方达成共同调解意思表示后，吴存枚律师当场为他们草拟了《调解协议书》，当场完成签署并通过微信当场支付和解款，温先生出具了收据给李先生。

将近年关时的一宗信访案件在律师依法说理下终于尘埃落定，相信他们能怀着更好的心情过春节了。

五、案例点评

该案在投诉人温先生向李先生追讨几个月未果，上升到信访的情况下，经过吴存枚律师耐心、专业调解即取得圆满解决，主要有以下几个方面值得交流。

1. 依法说理，找准法律依据。该案律师进行调解之所以非常顺利是律师准确抓住了法律关系，厘清了几人之间复杂的法律关系，找到了法律依据并向当事人解释清楚。

2. 站在当事人角度寻找解决方案。该案被投诉人李先生面对本次纠纷可以采取不同的解决方式，但是不同的解决方式相应会有不同的结果，对李先生会造成不同的影响。从最有利于李先生的角度出发选择解决问题方案，能够获得李先生的认同。

3. 善用“背对背”调解方式，分别做调解工作。该次纠纷的解决采用“背对背”的方式进行调解，有效缓解了双方碰在一起情绪的冲突，同时分开做双方的工作，让彼此各退一步才是解决问题的最好出路。

旧楼加装电梯引争议，调解邻里终互谅

——要从邻里关系的长久性和亲密性角度做思想工作

广东骏道律师事务所　刘　莹

一、案情介绍

广州市科韵路××号××大厦是1栋9层楼的楼梯房，楼房建成至今已过20年。大厦的首层为商铺，其他楼层均为住宅。9层楼的高度，已让很多青年、中年人望而生畏，但是，这座大厦的住户中还有许多年迈的老人，老人们出门、回家都极为不方便，最终导致有些老人索性常年不出门，日常生活受到了极大的影响。适逢广州市政府出台了帮助居民旧楼加装电梯的利民政策，给予居民加装电梯的补贴，提供办理报批工作的协助，大厦的居民们也欢欣鼓舞、热情高涨地进行加装电梯的报批工作。

在加装电梯方案的公示期内，首层商铺业主担心其权益受到侵害，提出了反对加装电梯的意见：（1）在公示前，楼上业主加装电梯的意向和方案并未听取首层商铺业主的意见，感觉自身未被尊重；（2）影响了商铺的采光、通风和客流，加装电梯的业主应当给予首层商铺业主经济补偿。楼上的住户担心加装电梯的希望落空，生活无法得到改善，为此双方共同向××社区居委会反映情况，希望社区居委会能够帮助协调解决此事。

二、法律分析

（一）首层商铺业主与楼上加装电梯业主之间的关系，属于相邻关系

相邻关系，是指两个或两个以上相互毗邻的不动产的所有人或使用人，在行使不动产的所有权或使用权时，相邻各方应当给予便利和接受限制而发

生的权利义务关系。由于该大厦的特殊建筑结构，首层商铺的门牌号与楼上住宅区域的门牌号不一致，且出入口独立于住宅区域。首层商铺不直接使用电梯，首层商铺业主不属于加装电梯事项享有表决权的业主，但是，首层商铺业主与楼上加装电梯业主基于相互毗邻的房屋而存在相邻关系。

（二）首层商铺业主对建筑设计方案等加装电梯的事项有知情和表达意见的权利

依据《广州市既有住宅增设电梯办法》第五条的规定，加装电梯的意向和建筑设计方案应当听取首层商铺业主的意见。法律法规并未对听取意见的方式进行限制，因此，加装电梯的业主在大厦区域公示加装电梯的意向和设计方案亦属于告知并听取意见的方式之一。

（三）基于相邻关系，加装电梯应尽量避免给其他业主或使用人造成妨碍

楼上业主加装电梯，应合理设计加装电梯方案，符合相应技术标准和规范，尽力避免给首层商铺业主造成妨碍，如因确有必要而对首层商铺业主造成影响，可通过协商给予适当补偿，业主之间协商或者调解不成的，应依法通过民事诉讼途径解决。

三、处理过程

2019 年 2 月 20 日下午，社区居委会工作人员、社区民警和社区律师一起前往该大厦进行实地查看，并对首层商铺业主所提出的意见和建议做好详细记录。

2019 年 2 月 21 日晚，社区居委会、城管专干、社区民警、社区律师组织包括楼上加装电梯业主和首层商铺业主在内的 27 位业主代表召开加装电梯协调会议。首先，由首层商铺业主代表提出反对加装电梯的理由，并由加装电梯业主代表对首层商铺业主的意见和担忧作出一一回应。其次，由社区律师对各业主意见中涉及的法律规定进行普法解释，为各方分析各自的权利义务，帮助各方以更客观的角度考量目前遇到的实际问题。最后，社区律师

向到场的业主代表了解目前楼上业主生活遇到的严重的不便利情形以及加装电梯方案对首层商铺业主可能出现的问题，并进一步询问楼上业主和首层商铺业主在以往生活和经营中存在的互帮互助的情况，让各位业主充分表达各自的情感和想法。

四、处理结果

在双方代表长达 4 个小时的充分表达之后，最终到场的 27 位业主代表表示能够互相体谅，理性解决邻里之间的问题。首层商铺业主和楼上加装电梯的业主将分别向加装电梯的规划审批部门提交书面的意见，并且约定各自派代表一起去规划审批部门了解目前的加装电梯方案是否已经符合相应标准、是否已经足够合理、是否还有其他减少对首层商铺业主影响的解决方案。同时，加装电梯业主代表表示对造成影响的首层商铺业主，将考虑给予适当补偿。具体补偿金额，双方再理性协商。

五、案例点评

我国的法律体系中，对于相邻关系的规定较少，基本上是原则性的规定。由于相邻关系中可能出现的需要给予便利或接受限制的情况将视具体情形而定，因此，也不便于在法律规定中设置具体操作指引性的规定。但这并不是指相邻关系的案件就不重要，相反大厦里的业主都是由于相邻关系而联系在一起的，如果处理不好这类型的纠纷，会使邻里之间产生怨恨甚至邻里反目，影响整个小区的和谐稳定和长治久安。

近年来，随着社会人口老龄化速度的加快，高龄人群出行不便的问题日益突出，加装电梯成为越来越多老年住户的迫切需求，而旧楼（既有住宅）加装电梯对于居民而言又是个较为繁杂的工程，付出的时间、人力、物力都相对较多，筹集资金动辄上百万元。但是各层居民对于加装电梯的需求程度并不一致，加装电梯工程也可能会对本单元居民或者周边居民的通风、采光等造成影响，同时又对部分业主的通行提供了极大的便利。加装电梯工程会导致在长期共同生活区域内同时产生多个不同矛盾，而这些矛盾如果未得到妥善的解决，将会一直持续影响小区往后的安稳生活。因此，处理这些矛盾，除了在法律方面为居民进行详细的解释外，更要从邻里关系的长久性和亲密性角度耐心地做双方思想工作，帮助各方本着友睦邻里的精神，互相体谅、友好生活。

一宗交通事故引发诉讼多年，律师调解息诉止纷争

——动之以情，晓之以理，免却双方多年诉累

广东红棉律师事务所　郑潮锐　三级律师

一、案情介绍

2004 年 7 月 14 日 11 时 55 分许，被告卓某驾驶粤×××牌号小货车途径×××江村桥路段碰撞前车后，遇外来务工原告某甲父亲驾驶粤×××牌号摩托车载原告某甲、原告某甲妹妹在前方同方向行驶，小货车再碰撞摩托车，造成原告某甲父亲、原告某甲、原告某甲妹妹受伤。涉案小货车原由何某出资购买，车辆行驶证登记挂靠在被告×××市×××区×××村民委员会名下，事发时未购买交强险。后小货车由何某转让与罗某，罗某又转让与被告黄某实际支配使用，未办理车辆所有权转移登记。经交警部门认定被告卓某对事故负全部责任，原告某甲父亲、原告某甲、原告某甲妹妹无责任。原告某甲伤情严重，后经中山大学法医鉴定中心评定构成六级伤残，自事发受伤后至 2017 年 5 月 4 日进行多次治疗，原告方通过多次诉讼主张得到赔偿。该案原告方另行主张赔偿 2016 年 7 月 19 日至 2017 年 5 月 4 日治疗产生的医疗费及其他相关费用和后续治疗费。

二、法律分析

该案争议焦点在于：一是涉案交通事故发生在 2004 年 7 月 14 日，该案主张赔偿为原告某甲在 2016 年 7 月 19 日至 2017 年 5 月 4 日进行治疗所产生的医疗费及其他相关费用，发生在《侵权责任法》实施之后，赔偿责任

如何分配由谁承担的问题；二是主张后续医疗费数额如何确认及赔偿的问题。

三、处理过程

该案从事发至今已有13年之久，期间经过多次诉讼，仍未能彻底解决后续治疗费问题。在庭审期间，被告××市×××区×××村民委员会根据最高人民法院《关于适用〈中华人民共和国侵权责任法〉若干问题的通知》第二条、《侵权责任法》第五十条规定认为其不应承担赔偿责任。原告某甲代理人郑潮锐律师提出在该案主张赔偿2016年7月19日至2017年5月4日治疗各项费用虽在《侵权责任法》实施之后产生，但原告某甲的损害结果在2004年7月14日发生交通事故时就已经发生，故可认定该案损害结果发生在《侵权责任法》实施之前，适用最高人民法院《关于审理人身损害赔偿案件适用法律若干问题的解释》规定应承担全部赔偿责任。被告××市×××区×××村民委员会作为肇事车辆的登记所有人，事发时没有为肇事车辆购买交强险具有过错，应承担连带赔偿责任。

同时涉案交通事故导致的病情目前仍是医疗难题，没有办法通过委托司法鉴定机构评估后续治疗费数额，只能在实际治疗发生费用后再行主张，为减少双方多年来诉累，郑潮锐律师动之以情，晓之以理，从法律条文讲到现实生活，从社会道德讲到社会责任，让各方认识到在该纠纷中自己应承担的责任，主张通过双方达成和解协议解决问题。

四、处理结果

经过郑潮锐律师努力，最终获得该案判决赔偿项目利益最大化及就后续治疗费项目主张另外促成双方达成调解协议，和解方案为：由被告××市××区××村民委员会赔偿原告某甲200,000元，原告某甲不再向被告××市××区××村民委员会主张因涉案交通事故产生的任何其他费用，终于彻底终结了13年来未能解决的后续治疗费赔偿难题。

五、案例点评

该案存在涉案主体众多，历时长，案情复杂，诉讼次数多，出现全国人民代表大会常务委员会颁布的新法与最高人民法院司法解释同时适用，互相补充的问题。虽然《侵权责任法》在2010年7月1日已经施行，但2004年5月1日实施的最高人民法院《关于审理人身损害赔偿案件适用法律若干问题的解释》在案件处理时是有效的司法解释，在新法未涉及问题的适用上，同样可以继续适用最高人民法院司法解释，两者互相补充。能在该案中就13年来未能彻底解决的后续治疗费赔偿问题最终达成和解，离不开社区法律顾问耐心调解，说服工作，充分展现了律师担任村（社区）法律顾问在化解矛盾，维护社会稳定中的重要性。

建议在处理村（社区）纠纷时，应充分发挥调解作用，尽量以调解的方式化解矛盾，这样更有利于更进一步维护社会的和谐稳定。

坚持不懈促调解，两年纠纷一朝结

——耐心反复沟通，活用司法判例，坚持功夫为王

广东广信君达律师事务所　刘穗珊

2021年3月29日，广州市越秀区六榕街道人民调解委员会刘穗珊物权保护纠纷人民调解工作室（以下简称刘穗珊人民调解工作室）成功调解一起因既有住宅增设电梯引起的邻里纠纷。当天上午，在刘穗珊人民调解工作室刘穗珊律师、刘玉霞律师和兰湖里社区居委会治保主任宋志斌等人的见证下，加装电梯筹备组代表与低层住户代表签署补偿协议。双方近两年的谈判、僵持，终于在这一刻冰释前嫌，握手言和。

一、案情介绍

起因：旧楼加装电梯，低层住户受影响要求补偿。

位于广州市越秀区兰湖里社区医国街103－105号大楼是20世纪七八十年代所建的旧式楼宇。2018年，为响应政府推行旧楼加装电梯惠民政策，方便本楼高层居民出行，提升居民生活幸福感，医国街103－105号居民通过业主大会表决决定，在该楼申请加装电梯，并选出业主代表组成筹备小组，全权办理申请安装电梯事项。在电梯获得审批并公示后，该楼以201房作为代表的104房、201房住户提出异议，称其房屋通风、采光受到严重影响，房屋价值也严重受损，且电梯停在半层的平台上，他家用不上，对他们家来讲，只有受损，没有获益，从而要求支持加建的高层业主对其进行补偿。

对低层住户提出的通风、采光受影响的意见，业主代表们认为，电梯装

于天井中，对低层住户通风、采光确有一定影响，但代表们已经采取了最佳电梯方案，电梯离 201 房厨房、厕所有近 1.5 米的距离，影响不是那么大，且 201 住户在加装电梯公示期前和公示期期间，均未提出异议，也未提出补偿要求，业主们一度表示可以不予补偿。双方为此进行了数月的谈判、僵持，未能达成补偿意向，为此于 2021 年 3 月 29 日再次向刘穗珊人民调解工作室申请调解。

工作室负责人刘穗珊律师充分发挥团队优势，与兰湖里社区法律顾问刘玉霞律师及王梓滔实习律师一起组成了调解工作小组，经过将近两年调解，终于打赢了这场持久战。

二、法律分析

（一）在大楼内增设电梯是否应经业主共同一致通过

根据《民法典》第二百七十八条的规定，在大楼内增设电梯属于由业主共同决定的事项，而共同决定，并非由全体业主一致表决，只需由专有部分面积占比 2/3 以上的业主且人数占比 2/3 以上的业主参与表决，并经参与表决专有部分面积 3/4 以上的业主且参与表决人数 3/4 以上的业主同意即可。从加装电梯筹备组出示的材料上看，大楼业主大会的决议是合法有效的，无论专有部分面积还是表决人数均符合规定，低层住户少数人的反对并不必然可以阻却加装电梯。

（二）加装的电梯涉及的相邻权，《民法典》如何规定

《民法典》第二百八十八条规定，不动产的相邻权利人应当按照有利生产、方便生活、团结互助、公平合理的原则，正确处理相邻关系。第二百九十三条规定，建造建筑物，不得违反国家有关工程建设标准，不得妨碍相邻建筑物的通风、采光和日照。该案中，加装的电梯对低层住户通风和采光确有一定影响，但并不算严重遮挡，为此，为维护邻里关系，调解小组建议筹备组给予低层住户适当的补偿。

三、处理过程

（一）谈判一波多折，双方僵持数月无果

由于双方意见分歧太大，经过两位刘律师多次调解，在双方未能达成一致意见后，201 房住户曾于 2020 年阻止电梯施工，以此引起筹备组对他们的诉求和心声的关注。

为定分止争，2021 年 1 月 5 日上午，六榕司法所组织双方再次调解，除工作室的调解小组外，还特意邀请了社会热心志愿者郭伟权参与。医国街 103－105 号筹备组代表萍姨等四人，201 房、104 房代表李先生等四人到场反映诉求。

201 住户李先生表示，电梯不仅影响他们的通风、采光，更重要的是房屋贬值厉害。他们低层住户由以前最贵的楼层，变成现在最便宜的楼层，因而据此要求补偿损失——按照房产证登记面积，每平方米补 2000 元，共计补偿 13 万元。

筹备组代表仍然认为 201 住户未在电梯公示期提出异议，且补偿要求过高，不能接受。此次调解，双方分歧过大，无功而返，但调解小组并未放弃。

（二）峰回路转，双方握手言和，达成补偿协议

2 月 2 日，在兰湖里居委会协调下，双方再次坐下面对面商谈补偿方案。201 住户起初仍然坚持要求每平方米补 2000 元、共计 13 万元的补偿方案，筹备组代表同意给付安抚费 5000 元，允许 201 房、104 房住户免费使用电梯。因大楼从业主大会决议、申请、审批到公示经历时间长，前后的法律适用跨越了新旧《物权法》、《民法通则》、《民法总则》及《民法典》等法律，调解小组经过多次介入指导、谈判，分别从以前的《物权法》和现行的《民法典》关于建筑物区分所有权部分，业主对大楼共有部分的共同管理和重大事项表决比例的规定，从《广州市既有住宅增设电梯办法》（穗府办规〔2020〕7 号）、《广州市既有住宅增设电梯技术规程》（穗国土规划规字〔2016〕1 号）着手，针对大楼筹备组在既有住宅增设电梯的申请及审

批流程、规范、城市规划、重大事项业主表决比例等方面作出了合规性分析，并通过《刑法》的寻衅滋事、故意伤害、故意毁坏财物等犯罪行为规定，对暴力阻止加装电梯可能带来的民事、刑事法律风险进行一一释明。为增强说服力，调解小组还检索了广州市中级人民法院、广东省高级人民法院及最高人民法院从2016年至2021年的针对既有住宅增设电梯的物权纠纷、建筑物区分所有权纠纷、共有权纠纷、相邻权纠纷、排除妨害纠纷和涉及城乡建设行政管理、城市规划管理等多份民事、行政司法判例，通过以案说法，采取“背对背”的方式对低层住户进行法治教育，让其认识到筹备组所行的流程合法合规，若通过极端行为恶意阻挠电梯工程施工，还有可能反过来承担延误施工所产生的民事赔偿责任甚至涉嫌寻衅滋事、故意伤害、故意毁坏财物等行为的刑事责任。就这样，两位律师通过轮番说理、释法，让当事双方充分了解自己的权利义务及行为的法律边界。由于相关法律和《广州市既有住宅增设电梯办法》均未对加装电梯补偿标准有过规定和指引，只是表示补偿方案由双方协商解决，协商不成，只能通过司法途径解决，为尽快解决纷争，为双方提供维护权益参照标准，调解小组通过案例检索，找出广州市多份类案判决书，告知双方法院支持的补偿大概幅度——根据居民楼和电梯安装情况不同，分别为0～4.2万元，据此请低层住户适当降低预期，高层住户适当给予补偿。事实证明，民众对法律还是非常信赖的，201房住户立即同意降低补偿要求——6万元即可，筹备组代表则表示，要与同楼业主商量，一个星期内回复。

四、处理结果

在时隔一个月后的3月2日，调解小组再次组织双方调解。通过一再耐心的情理法沟通，双方于3月19日搁置争议，达成补偿意向，并相约于3月29日正式签署协议，握手言和，补偿金在当天履行完毕。经过情理法往复交融，终于打赢这场调解持久战。

五、案例点评

现阶段的中国，改革不断创新，社会不断向纵深发展，人民在期待美好生活的过程中，相互之间难免会有摩擦出现。虽然，我国正在建设社会主义法治国家，法律的作用不断深入到社会的角角落落，但法律毕竟是最后的道德，并不是所有的事情都要交给司法来裁量，尤其是在司法资源较为紧张的现在，而且靠民事诉讼和行政诉讼来解决纠纷，法律程序用时较长，还涉及当事人的精力、财力，并不是所有的矛盾纠纷都适合“打官司”，且邻里之间的矛盾纠纷往往并没有什么深仇大恨，多是由一些小事引起，只要能够及时调解，矛盾比较容易化解。这个时候，发挥人民调解的作用就十分必要。人民调解员深入基层，能够及时捕捉有关信息、尽快了解事情动态，准确把握民间纠纷的成因和特点，方法灵活多样，且能发挥亲情友情的作用，能够快速有效地将矛盾纠纷化解于基层，维护邻里和谐、社会稳定。

如何发挥人民调解的作用，也要讲“方法论”——不仅要依靠情理，还要依靠法理，做到情理交融、情法互映，以“情”为基础，以“理”来助阵，以“法”为武器，从而从情理上、法理上让纠纷双方正确认识、评估自己的权利和义务。

在该起纠纷中，调解律师主要采取以下办法，才最终取得圆满的结果。

（一）耐心倾听双方的不满和诉求

有时候，当事人争的不是一个具体的回报，而可能是“一口气”，也许是二者兼有。调解的初期，双方对具体法律规定、自己的权利义务不甚明晰时，他们的不满情绪可能占上风。这个时候，作为调解员，我们要耐心倾听他的不满和诉求，让他充分倾吐之后，才会顺利回归理性、客观的状态，这个时候再开始跟双方说情、说理。

（二）以法律为准绳，必要时结合司法判例作为推动力

该类纠纷之所以旷日持久、悬而难决，笔者认为，根本原因是法律、政策对低层住户补偿标准没有指引和规范，当事人不知道自己权利的边界在哪里，所以出现低层住户“狮子大开口”、高层住户不肯补偿的巨大分歧。如何拉近双方的诉求，尽快促成双方达成一致意见？生效的司法判决是一个很有说服力的参照标准。为此，调解小组从中国裁判文书网上搜集整理几十份

生效裁判文书，提供给当事双方参考，让当事人明明白白知道“律师这样说，法官也这样说”，此举可谓促成双方谈判成功的一大法宝。由此可见，群众对法律非常信赖，以法律为支撑，人民调解不仅能够快速取得成效，而且让当事双方踏实、安心。

（三）动之以情，晓之以理

明朝大学士张英曾留下千古名言：“千里家书只为墙，让他三尺又何妨。万里长城今犹在，不见当年秦始皇。”这也是本人经常想讲给街坊的一个故事，即使没有时间讲，也会重点强调双方的邻里关系，楼上老人行动不便，互相多些体恤之心。再说，同住一栋楼，抬头不见低头见，如能融洽相处，生活当会美好很多。

细致耐心释法解惑，化解当事人认识分歧

——某村村民王某、曹某农村房屋买卖合同纠纷调解案

广东格林律师事务所　黄庆华

一、案情介绍

2006 年宋村镇某村村民王某承包了村里修路的工程需要石头，王某想到：村里有一处三间房的老房子全是石头建造，因房主张某甲夫妇去世多年一直闲置。王某盘算着到外面买石头不如买下这栋房子，将房子拆了，用拆房子的石头来修路既方便又少花钱。王某以前听张某甲的大儿子张某乙在村里说过父母留下的这三间石房屋是给他的，于是王某就找了同村朋友李某，由李某去找张某甲的大儿子张某乙商量，由王某买下张某甲留下的这栋老房子。李某欣然同意，立即到张某乙的家中说和，张某甲的大儿媳曹某当家做主，当场同意将这栋老房子卖给王某，经讨价还价以 500 元的价格定了下来，曹某从中间人李某手中接过 500 元钱，将登载张某甲名字的宅基地使用权证原件交给了李某，并在李某书写的卖房协议上按了手印。王某买到房屋后第二天就开始拆墙修路，房屋的院墙还没有完全拆完修路用的石头就够了，购买的这三间房屋中的正房就没有拆，保留了下来。该房屋一直闲置在村里。

2012 年前后，因为房屋年久失修，房顶有的地方漏雨坍塌，王某就找了木工、瓦工将房屋重新进行大规模的修缮，也将之前拆了的院墙重新用砖砌好。房子修好后王某将一些不用的闲置物品放在该房子里储存。

时至 2019 年，随着村民法律意识的增强，产权意识提高，王某想着自己从曹某手里买的这三间房十多年没有过户，一直是块心病，于是找到该村

法律顾问丛亚萍律师寻求帮助。

二、法律分析

（一）争议的三间房屋是否为张某甲的遗产？该遗产该如何继承？

争议的三间房屋的宅基地使用权证均登载的是张某甲名字，因张某甲已去世，故争议的三间房屋系张某甲遗产。

根据最高人民法院《关于适用〈中华人民共和国民法典〉时间效力的若干规定》第一条第二款的规定："民法典施行前的法律事实引起的民事纠纷案件，适用当时的法律、司法解释的规定，但是法律、司法解释另有规定的除外。"因此争议的三间房屋的继承问题适用当时的《继承法》。

原《继承法》第三条第二项规定："遗产是公民死亡时遗留的个人合法财产，包括：（二）公民的房屋、储蓄和生活用品。"① 第五条规定："继承开始后，按照法定继承办理；有遗嘱的，按照遗嘱继承或者遗赠办理；有遗赠扶养协议的，按照协议办理。"由此可知，继承开始后，没有订立遗嘱或遗赠扶养协议的，按照法定继承办理；订立有遗嘱或遗赠扶养协议的，需按照遗嘱或遗赠扶养协议办理。该案中，张某甲在生前没有签署过遗赠扶养协议，也没有订立过遗嘱或者遗赠，虽然张某甲的大儿子张某乙曾在村里说过父母留下的这三间房屋是给他的，张某甲大儿媳妇曹某亦持有登载张某甲名字的宅基地使用权证原件，但并无其他证据加以证明该事实，因此，张某甲遗产应当适用法定继承。

根据原《继承法》第二十五条第一款规定："继承开始后，继承人放弃继承的，应当在遗产处理前，作出放弃继承的表示。没有表示的，视为接受继承。"② 第十条第一款第一项规定："遗产按照下列顺序继承：（一）第一顺序：配偶、子女、父母。"③ 由此可知，公民遗产的第一顺序法定继承人包括配偶、父母和子女。该案张某甲生前育有六个子女，其六个子女均无作

---

① 在《民法典》中遗产的相关规定在第1122条。
② 《民法典》中该条为第1124条。
③ 《民法典》中该条为第1127条。

出放弃继承的表示，故张某甲六个子女均为其遗产法定继承人。

（二）曹某是否有权处分张某甲的遗产

争议房屋虽系张某甲遗产，即使张某乙兄妹之间就该房屋未明确如何继承，但张某乙系张某甲长子，曹某系张某乙妻子，且曹某持有该争议房屋的集体土地建设用地使用证原件，张某乙曾在村里说过父母留下的这三间房屋是给他的，张某乙的其他兄弟姐妹对此并未提出过任何异议，故王某有理由相信曹某有权处分争议房产。

（三）曹某与王某之间的农村房屋买卖协议是否有效

根据《土地管理法》（2004 修正）第六十二条第四款规定："农村村民出卖、出租住房后，再申请宅基地的，不予批准。"第六十二条第一款规定："农村村民一户只能拥有一处宅基地，其宅基地的面积不得超过省、自治区、直辖市规定的标准。"由此可知，法律并未禁止农村房屋的买卖和出租，同时王某与曹某同属一个村的村民，土地所有权仍然属于村集体，王某与曹某之间的房屋买卖协议没有侵害村集体的利益。

曹某与王某均系成年人，均具有完全民事行为能力，对自己的行为有清楚的认知能力。曹某与王某之间的卖房协议系双方的真实意思表示，且曹某收到了合理的卖房款 500 元，并将争议房屋土地证原件及房屋交付给王某，王某接管房屋使用至今，故双方之间的房屋买卖协议有效。

曹某于 2006 年将争议房屋出售给王某，当时房屋已经交付、房款已结清，双方之间的房屋买卖关系已基本履行，即使曹某曾欲反悔，但没有通过合法途径解决双方之间的房屋买卖关系，10 余年后因房屋升值而又予以反悔，有悖诚实信用原则。争议房屋虽系张某甲遗产，即使张某乙兄妹之间就该房屋未明确如何继承，但王某买房后已对房屋管理使用 10 余年，张某乙兄弟姐妹均在本村或邻村居住，对此从未提出异议，也未曾主张自己的权利，王某有理由相信曹某具有代理权，双方之间的买卖行为应为合法有效。

三、处理过程

针对争议张某甲的那三处房产的归属及王某与曹某之间的买卖协议是否

有效的问题，丛亚萍律师认真审核了纠纷各方当事人提交的相关材料，采取如下的步骤进行调解。

1. 弄清张某甲生前的亲属关系情况。通过核查当事人提交的材料，我们清楚地了解到张某甲育有六个子女，张某乙为张某甲大儿子，曹某为张某乙妻子。

2. 查明张某甲去世时是否订立遗嘱将争议三间房屋交由大儿子张某乙继承。

根据纠纷各方当事人反映的情况可知，张某甲在生前没有立下遗嘱、遗赠或者遗赠扶养协议。张某甲去世后，争议的三间房屋宅基地使用权证原件系由张某甲大儿媳妇曹某保管，张某甲大儿子张某乙曾在村里说过父母留下的这三间房屋是给他的，张某乙的其他兄弟姐妹对此并未提出过任何异议。

3. 为了多了解张某甲子女的想法，丛律师多次逐一到张某甲六个子女家中讲解有关农村房屋买卖法律关系的法律法规，采取通俗易懂的方式从法律层面与张某甲六个子女分析该案的案件情况、法律观点和法律后果。

四、处理结果

经过丛亚萍律师说理说法，入情入理分析，最终张某甲的六个子女均表示愿意协助王某过户。

五、案例点评

随着社会经济的发展，房产的价值越来越大，同时也成为广大老百姓关注的重大问题和容易发生争议的焦点。妥善处理好基层干部群众因为房产问题引起的纠纷成为驻村法律顾问的必修课。在该案中，丛律师入情入理地分析，细致耐心地向各方当事人解释了相关的法律规定，化解了各方当事人之前存在的认识分歧，最终促成各方达成合意。通过律师的调解，各方当事人在整个调解的过程中学习了相关的法律知识，同时化解了之前存在的矛盾纠纷。因此，驻村法律顾问要非常重视并积极参与村居调解。

"背对背"调解应该怎么做

——花都区花山镇某村刘氏兄弟法定继承纠纷

广东创盟律师事务所　吴燕玲

2020年是我担任广州市花都区花山镇东方村、源和村法律顾问的第六年，担任村（社区）法律顾问的最大心得和感受就是村民需要我们耐心细致的解答以及专业热情的服务。

担任农村的法律顾问，最常接触的是外嫁女分红、婚姻家庭纠纷、继承纠纷等法律问题，除日常提供法律咨询和定期开展法制讲座外，面对村民的各种纠纷，作为村（社区）的法律顾问还需要介入调解。

2020年，我印象最深的是参与了花都区花山镇东方村刘氏两兄弟的继承纠纷，经过多次沟通，采用"背对背"的调解方式，通过法理解释和情理劝说，最终兄弟俩握手言和，和平解决继承纠纷。

一、案情介绍

花都区花山镇某村刘先生（以下简称刘兄）的父亲有两块宅基地，其中一块宅基地上有两层建筑物，该房屋由父亲与母亲婚后出资修建，并一直由刘兄的弟弟（以下简称刘弟）一家居住；另一块宅基地由刘兄出资拆旧建新，修建了一栋三层半的房屋。父亲在世时，曾经召开分家析产的家庭会议，同意将该宅基地给刘兄，但当时并没有签订书面的协议。

刘氏兄弟是父母婚后生育的两个儿子，其父母的父母均先于他们去世。另外，母亲在2012年去世，父亲在2019年去世，该两块宅基地均登记在父亲名下。

父亲去世后，刘兄要求按照现状兄弟俩每人继承一栋房屋，但刘弟不同意，认为新建的房屋面积比旧房屋的面积大，要求刘兄折价补偿。

二、法律分析

该案是农村房屋的继承纠纷，处理该纠纷时应当理清被继承人与继承人的关系以及遗产的范围。

1. 该案的被继承人：该案争议的宅基地使用权虽然只登记在刘氏兄弟的父亲名下，但该宅基地上的房屋是在父母婚后兴建，且该两人已经去世，该案应将刘氏兄弟的父母亲列为被继承人。

2. 该案的继承人：根据《民法典》第一千一百二十七条第一款、第二款的规定："遗产按照下列顺序继承：（一）第一顺序：配偶、子女、父母；（二）第二顺序：兄弟姐妹、祖父母、外祖父母。继承开始后，由第一顺序继承人继承，第二顺序继承人不继承；没有第一顺序继承人继承的，由第二顺序继承人继承。"该案中，刘氏兄弟的父母婚后只生育了他们兄弟俩，刘氏兄弟的爷爷奶奶、外公外婆均先于其父母去世，因此，该案的第一顺序继承人仅是刘兄和刘弟。

3. 该案的遗产范围：遗产是指被继承人死亡时遗留的个人所有财产和法律规定可以继承的其他财产权益。由于农村宅基地属于集体所有，不可以作为遗产单独继承，按照房地一体原则，继承人继承取得房屋所有权和宅基地使用权。

该案中，刘氏兄弟父亲名下其中一块宅基地上的房屋是父亲出资建造，该房屋属于遗产。另一块宅基地上的房屋是刘兄在父母在世时经过父母同意后出资拆旧建新，所建成的房屋的所有权归刘兄。由于旧有的房屋已经灭失，新建的房屋不属于遗产范围。

除以上房屋外，父母的银行存款（约两万元）也属于遗产。

4. 继承人的继承份额：由于父母去世时没有留下书面遗嘱，因此，父母的遗产按法定继承由刘先生兄弟俩平均继承。

三、处理过程

继承纠纷通常是遗产分割产生争议所致，纠纷往往发生在与被继承人有着血亲关系和婚姻关系的家庭成员之间，并往往涉及当事人之间以及当事人与死者的亲情纠葛。因此，妥善解决遗产分割纠纷，对维护家庭和谐、社会安定尤为重要。

了解清楚案情后，律师先与村委干部进行沟通，了解兄弟俩各自的经济状况和性格，得知弟弟一直与父亲居住，并靠父亲的养老金接济。在进行调解时，我和村委干部采用“背对背”调解方式，分别向兄弟俩解释了法律规定以及该案的相关诉讼风险。由于其中一座宅基地的房屋并不是父母出资兴建，弟弟想要继承该房屋具有一定的风险。刘兄虽然出资兴建该房屋，但当时并没有办理报建手续，现在宅基地仍然登记在父亲名下，刘兄要求法院将其出资兴建的房屋确权到自己名下也具有一定的举证难度。

除继承相关法律告知外，我和村委干部还就兄弟情谊、诉讼的成本以及风险向刘兄刘弟俩做了沟通。由于刘兄经济条件比弟弟较好，笔者也多做他的思想工作，让他适当扶持一下弟弟。在调解的一个月内，我和村委干部多次采取电话沟通、现场调解以及分别面谈的方式，最终促成了双方和解。

四、处理结果

经过一个月左右的沟通，刘兄同意做出让步，同意父亲出资兴建的房屋归弟弟继承，父母的银行存款也归弟弟，刘兄自己出资兴建的房屋则归自己所有。兄弟俩终于达成一致意见并准备好相关的资料到公证处办理了继承公证，避免对簿公堂。

五、案例点评

当前，农村因家庭、邻里、婚姻、继承、抚养、礼仪、财产、生活等引起的矛盾纠纷日益增多。这些纠纷如果处理不当，就会造成村民关系紧张，甚至长期对立。面对这些非常复杂、千头万绪的矛盾纠纷，村（社区）法律顾问要积极探索人民调解工作的新思路、新途径，不断总结，完善方法和技巧，总结出比较实用的方法，有效地提高解决矛盾纠纷的效率，为新农村建设保驾护航。

村（社区）法律顾问在承办继承纠纷案件时，应优先促成当事人和解，不能盲目通过诉讼方式解决。同时，为避免不必要的纠纷并传承优良、和睦家风，建议在开展法制宣传时，提醒村民做好风险防范，避免日后子女等继承人出现争产的情况，提前做好财富传承规划，如订立遗嘱、遗赠或遗赠扶养协议等法律文件，实现和谐传承。

调解纷争的过程既是说理，更是普法

——梓元岗社区既有住宅加装电梯纠纷调解案

广东粤广律师事务所　余铭恩

一、案情介绍

位于广州市白云区梓元岗社区梓元岗路×号的一栋住宅大楼，建于1995年，合共九层，每层两户，合共18户，大楼中各户业主多为三元里村某经济社社员。

2021年8月，三层及以上业主为方便出行，共同向广州市规划和自然资源局白云区分局（以下简称白云区规划局）申请既有住宅增设电梯事项行政许可，2021年9月，白云区规划局根据相关规定发出批前公示。在批前公示期间，一层及二层业主认为电梯施工方案影响其房屋的通风及采光，以及电梯主体工程占用其房屋的专有部分，故向白云区规划局提出反对增设电梯。

2021年12月，白云区规划局经审查相关材料及实地调查后，认为该住宅申请增设电梯的业主人数符合法定比例，且施工方案并未占用相关业主的专有部分，遂正式向增设电梯申请人发出建设工程规划许可证。2022年2月，一层业主向广州市白云区人民政府提起行政复议申请，请求撤销相关行政许可，白云区政府依法驳回了一层业主的行政复议申请。

2022年5月，该住宅楼高层业主向广州市白云区人民政府三元里街道办事处备案后，正式开展增设电梯工程，在施工开始当天，一层及二层业主报警，认为该工程仍然存在争议，要求民警停止该工程的进行，民警到场后，要求双方冷静处理相关问题，防止矛盾的激化。

对上述增设电梯的施工问题，一层、二层业主与其他中高层业主的意见存在分歧，影响该住宅大楼的邻里关系。2022 年 6 月，该大楼各业主来到三元里司法所，请求梓元岗社区法律顾问余铭恩律师介入调解。

二、法律分析

（一）白云区规划局作出的增设电梯行政许可是否合法？

《广州市既有住宅增设电梯办法》第五条规定："既有住宅增设电梯的意向和建筑设计方案应当听取拟增设电梯所在物业管理区域范围内业主的意见，并应当经本单元或者本幢房屋专有部分占建筑物总面积 2/3 以上的业主且占总人数 2/3 以上的业主同意。增设电梯拟占用业主专有部分的，还应当征得该专有部分的业主同意。"

在该案中，一层、二层以上的中高层业主合共 14 户同意在该住宅大楼增设电梯，向白云区规划局申请的业主人数已超过法定比例，同时，白云区规划局在后期的材料审查及实地调查中也查实了增设电梯的工程方案并没有占用一层、二层业主的专有部分，故无须经过一层、二层业主的同意。因此，白云区规划局作出的增设电梯行政许可是合法有效的。

（二）一层、二层业主是否有权利获得相应补偿？

《民法典》第二百九十三条规定："建造建筑物，不得违反国家有关工程建设标准，不得妨碍相邻建筑物的通风、采光和日照。"

在该案中，经白云区规划局查实，中高层业主申请增设的电梯工程虽然并未占用一层、二层业主的专有部分，但事实上，根据以往经验，多数建成后的增设电梯均会对低层业主的房屋的通风及采光造成一定妨碍，届时低层业主均有权向中高层业主请求一定的经济补偿。

此外，从邻里关系的角度出发，增设电梯工程需时至少 180 日，其间产生的淤泥、垃圾、噪声、工程废品等均会对一层、二层业主造成长期的滋扰。因此，从维护邻里关系和谐的角度出发，高层业主向一层、二层业主支付一定的经济补偿，对解决本次纠纷具有现实意义。

三、处理过程

针对一层、二层业主及中高层业主等人对梓元岗社区梓元岗路×号住宅大楼在增设电梯工程的问题上存在的分歧，余铭恩律师认真审核了纠纷各方当事人提交的相关材料，2022 年 6 月 22 日，余铭恩律师在梓元岗社区居委会采取如下的步骤进行调解。

1. 向各方当事人释明有关的法律、法规及规范性文件。在调解会议的初期，因参与调解的双方各业主均对相关的法律规定不甚熟悉，故余铭恩律师首先向各方当事人解读了包括《民法典》《广州市物业管理条例》《广州市既有住宅增设电梯办法》在内的相关规定。

2. 向纠纷各方当事人详细解释中高层业主有权继续开展增设电梯施工工程，同时低层业主也有权取得相应补偿。在调解会议中，中高层业主一直对低层业主阻挠增设电梯工程的施工感到不满，要求低层业主尽快放弃相关行为，恢复电梯的施工，同时低层业主也表示除非中高层业主对其作出相应补偿，否则将一直拒绝施工队伍进场施工。

余铭恩律师向低层业主解释，根据《广州市既有住宅增设电梯办法》第二十一条的规定，对已经获得建设工程规划许可并依法办理有关施工手续的既有住宅增设电梯建设工程，相关业主应当提供必要的施工便利，不得阻挠、破坏施工。因此，如果低层业主继续阻挠施工，将有可能根据《治安管理处罚法》的相关规定接受处罚。但同时余铭恩律师也向中高层业主表示，如果该项电梯工程对低层业主的采光及通风造成不良影响，中高层业主也应当向低层业主支付一定的补偿款项。

3. 询问。鉴于双方该次调解的争议关键在于补偿款金额问题，因此余铭恩律师向双方询问了各自的调解方案。其中，低层业主表示要求中高层业主向其每户补偿 2 万元，即四户合共 8 万元；而中高层业主则表示相关金额过高，要求低层业主降低相应金额，同时要求低层业主尽快放弃阻挠施工的行为。

余铭恩律师经了解后，向双方解释该次会议属于调解程序，双方如能达成一致意见，则可签订调解协议，后续可各自按照调解协议的内容履行，如双方不能达成调解，则最终可通过司法途径解决纠纷，但从维护邻里关系和谐的角度出发，余铭恩律师建议双方考虑通过调解的方式解决该次纠纷。面对余铭恩律师专业和耐心的分析，纠纷各方当事人逐步接受了余铭恩律师的意见，为成功调解奠定了重要的基础。

四、处理结果

看到时机已经成熟，余铭恩律师主持各方达成了调解协议，主要内容如下。

1. 中高层业主同意向低层四户业主支付补偿费用合共人民币 56,000 元（大写：人民币伍万陆仟元整），中高层业主自该协议签订之日起 7 日内向低层四户业主支付完毕。中高层业主支付前低层四户业主应立刻在加建电梯同意书上签名确认。低层业主延期履行签名义务或延迟提供上述材料的，中高层业主有权推迟补偿费的支付期限。

2. 上述费用支付给低层业主后，由低层业主自行安排处理，其安排处理的方式及后果不再与中高层业主有任何关系。电梯完工后，所有电梯使用的费用（包括维保费、电费等）及一切责任与低层业主无关。

3。自该协议签订之日起 3 日内，第二层两户业主应向中高层业主支付加建电梯集资款合共人民币 10,000 元（大写：人民币壹万元整），其中每户支付人民币 5000 元（大写：人民币伍仟元整）。中高层业主同意自电梯完工后，第二层两户业主无须支付电梯维保费用且永久免费使用该电梯（包含更换后的电梯）。

大家对上述调解协议的内容皆没有异议，并在协议上签署了自己的名字。至此，梓元岗社区梓元岗路×号住宅大楼等业主之间因为加装电梯的补偿问题而产生的争议得到了解决，他们对梓元岗社区余铭恩律师专业和细致的法律服务给予充分的肯定。

五、案例点评

随着社会经济的发展，加装电梯后的房产价值越来越大，同时也成为广大老百姓关注的重点问题和容易发生争议的焦点。妥善处理好基层干部群众因为既有住宅加装电梯问题引起的纠纷成为社区法律顾问的必修课。在该案中，余铭恩律师严格从专业的角度出发，详细和耐心地向各方当事人解释了相关的法律规定，化解了各方当事人之前存在的认识分歧，最终促成各方达成调解协议。整个调解的过程既是一个说理的过程，更是一个普法的过程。通过律师的调解，各方当事人在整个调解的过程中学习了相关的法律知识，同时化解了之前存在的矛盾纠纷。因此，社区法律顾问要非常重视并积极参与社区调解特别是既有住宅加装电梯问题的调解。

既要合理降低期望值，也要让当事人看到调解的好处

——广州市花都区某村村民工伤赔偿调解案

广东更子律师事务所　黄　焱

一、案情介绍

某村村民蔡某已达退休年龄，但基于家庭条件艰难，其仍在一制衣公司工作。2020年年初，蔡某驾驶三轮轻便摩托车在上班途中发生交通事故，经交通部门认定为同等责任。蔡某住院70天，出院后经广州市劳动能力鉴定委员会鉴定为6级伤残，因蔡某已达到退休年龄，公司无法为其购买工伤保险，现蔡某家属要求公司支付违法解除劳动合同赔偿金、支付工伤待遇约1,900,000元。公司认为蔡某驾驶超标的摩托车存在过错，同时蔡某要求赔偿金额过高，无法接受，且由于处于疫情期间，公司业务受到严重影响，根本无力支付如此高额的赔偿。但蔡某及蔡某家属认为其主张的赔偿数额有法律依据，应当予以支持。双方僵持不下，无法就赔偿事宜达成一致。

二、法律分析

（一）案件焦点

已达退休年龄仍从业的人员在社会上普遍存在，考虑到用工的特殊性，该争议的焦点和难点集中在三个方面：（1）如何确认赔偿数额；（2）蔡某后续治疗；（3）公司实际赔付能力。

（二）解决纠纷思路

1. 公司聘用已达退休年龄人员很多时候系基于退休年龄人员家庭生活情况进行考虑的，一方面为其提供就业机会；另一方面公司用工成本也有相应的降低。但因已达退休年龄的人员与公司建立的是劳务关系，公司无法为其采取购买工伤保险等社会保障措施，因此，需要向双方均释明个中的缘由，希望双方均能退让，在赔偿数额上适当调整。

2. 赔偿数额的确定。因蔡某为已达退休年龄的人员，因此，蔡某提出的一次性伤残津贴、一次性伤残就业补助金、精神抚慰金等赔偿，按照法律规定公司是无须支付的，对蔡某治疗的医疗费用等，建议家属通过保险公司的赔付减少公司的压力。

3. 加强双方的沟通理解，既要保障劳动者的权益，也要考虑到公司的实际赔付能力及经营状况。

三、处理过程

律师就案件事实分别与双方进行接触、沟通。

律师在蔡某及蔡某家属处了解到：虽然村民蔡某已达退休年龄，但由于家庭存在一定的经济困难，为了缓解经济压力，其仍坚持工作，工作期间，蔡某工作踏实、勤快，能够认真完成公司交付的工作任务。作为勤恳的公司用工人员，在上班途中遭遇交通事故，受伤严重，理应得到足够的赔偿。此外，蔡某驾驶摩托车的超标情形不是构成事故的原因，不能作为拒绝赔付的理由。

后律师又通过公司的人事主管和其他公司员工了解到：蔡某使用的交通工具明显不符合规定，经多次劝阻仍然坚持使用。因蔡某达退休年龄，与公司建立的是劳务关系，公司无法为其采取购买工伤保险等社会保障措施，公司即使需要赔付，蔡某及家属的要求也明显过高，不合规定。此外，公司在疫情期间营业额明显下滑，在公司运营上存在较大的压力，公司在此情况下仍未裁员，及时发放工资。公司方面希望员工及家属都能够理解公司的难处，如果愿意下调赔付金额，同意进行分期支付，对双方都好。

后在律师的安排下，双方又进行了当面沟通、调解。律师向蔡某及其家属释明了相关的法律规定，告知部分的赔偿很难得到的法律支持。同时，律师也积极与公司进行沟通，根据蔡某的受伤情况以及公司的情况，与公司协商适当增加赔付的金额，并处理好双方的劳务关系终止事宜。双方在律师的分析、调解下，逐步达成一致意见，并表示愿意各退一步，双方就赔付问题的解决再进行了和解。

四、处理结果

在律师的主持下，经过多次的调解、沟通，双方就赔偿数额达成了一致意见。蔡某及家属表示理解公司当前的难处，愿意适当降低赔付金额。公司方面也愿意配合赔偿工作，能够理解员工的难处，会分期支付该金额。该案通过有效的调解，化解了双方的主要矛盾，同时避免了双方进行仲裁或起诉，有效地节约了司法资源。

五、案例点评

目前，已达退休年龄人员的劳务关系纠纷日益增多，在对当事人展开“背对背”调解时，双方的调解意见就像摆在我们面前的小树，这时，笔者的身份就是园艺师，将合法的枝条保留，不合法的枝条毫不客气地剪掉，这就是笔者常说的释法过程。通过宣讲法律知识，告诉当事人他的某些请求是缺乏法律依据的，如果调解不成，判决是基本不会得到支持的，法律武器能够降低多数当事人的期望值，将他们的期望值限定在合法范围内，但不宜在面对面调解时运用，否则，被法律武器攻击的一方伤了面子，未被攻击的一方则可能会得意忘形。

在调解的过程中，让当事人直接看到调解给他带来的好处。这种好处不限于金钱利益，而是包括了时间利益、名誉利益、感情利益、直接履行利益等。要在摸准当事人心理的基础上运用，对症下药，即当事人注重哪些方面，就强调其在这些方面所可能获得的利益，同时，劝说他在相对次要的方面做出让步。如果当事人看重的是金钱利益，我们却一再强调他可以获得感情利益，那就收效甚微了。因而我们的工作，就是通过调解帮助当事人分析对他而言哪些利益是鱼，哪些利益是熊掌，以便他能够在鱼和熊掌之间做出选择。

社区调解暂停纷争，母亲托梦再起风云

——调解协议书的草拟应规范，避免再起纷争

广东华领律师事务所　马洁妍

一、案情介绍

梁某与郭某为广州市海珠区某村经济联社的社员，双方婚后生育 3 个子女，分别为儿子梁某 1、女儿梁某 2、女儿梁某 3。

梁某 1 与简某为夫妻关系，其生育了 3 个子女，分别为梁 4、梁 5、梁 6。

梁某于 1985 年去世，郭某于 1993 年过世，梁某与郭某均留有某村联社三股股权。父母去世以后三兄妹一直没有办理父母股权的继承手续。梁某 1 与梁某 3 就其父母的股权分红及基于股权产生的征地补偿款取得问题产生矛盾，双方多次争吵也无法取得一致意见，后经社区居委会人民调解委员会多次调解，最终梁某 1 与梁某 3 于 2013 年签订了《人民调解协议书》，协议约定梁某 3 取得自己股权及其自留地的补偿款，父母自留地的补偿款可以取得一份，但父母以后的股权所得与梁某 3 无关。

调解协议达成后，梁某 1 凭该协议在村委会登记领取其父母的股权分红。梁某 1 去世后，由梁某 1 的妻子简某继续领取该分红。多年来，梁家一直没有办理梁某与郭某股权的继承手续。梁某 3 一直也没有对简某领取其父母分红提出过任何异议。直至 2021 年 3 月，梁某 3 忽然声称郭某向她托梦，不能将郭某和梁某的股权给梁某 1 一家人，所以特意向某村联社申请冻结了梁某与郭某的股权分红。梁某 3 提出当时在调解协议中只放弃了对股权的分红权，没有放弃继承权，同时，她只是与梁某 1 签订调解协议，她放弃的分

红权只是给她哥哥，但没有同意给她大嫂。就股权继承问题，梁家家庭内部又产生争议。

二、法律分析

关于梁某与郭某的遗产该如何继承?

根据《民法典》第一千一百二十三条规定："继承开始后，按照法定继承办理；有遗嘱的，按照遗嘱继承或者遗赠办理；有遗赠扶养协议的，按照协议办理。"在该案中，梁某与郭某在生前没有签署过遗赠扶养协议，也没有订立过遗嘱或者遗赠，因此，其遗产应当适用法定继承。根据《民法典》第一千一百二十七条的规定，继承开始后，遗产由第一顺序继承人继承，分别为父母、配偶、子女。

梁某与郭某的双方父母均早于他们去世，梁某于 1985 年去世，郭某于 1993 年去世，梁某的法定继承人应为其配偶郭某、子女梁某 1 和梁某 2 以及梁某 3，郭某的法定继承人为子女梁某 1 和梁某 2 以及梁某 3。

由于两位老人家去世后，其继承人均没有办理相关财产的继承手续，而其间梁某 1 与梁某 3 已达成调解，梁某 3 自愿放弃继承梁某与郭某的股权，而梁某 2 也自行到公证处办理了对其父母财产的放弃继承声明。梁某 1 已于 2014 年去世。《民法典》第一千一百五十二条规定"继承开始后，继承人于遗产分割前死亡，并没有放弃继承的，该继承人应当继承的遗产转给其继承人，但是遗嘱另有安排的除外"，因此梁某 1 去世后，其应当继承遗产份额转给妻子简某、其子女梁某 4、梁某 5、梁某 6 继承。

三、处理过程

股权被冻结后，简某找到马律师寻求帮助。针对股权的继承问题，马律师对当事人情况进行法律分析。

1. 确认梁某与郭某的夫妻关系情况。通过核查当事人提交的材料，梁某是梁某 1、梁某 2、梁某 3 的父亲，郭某是梁某 1、梁某 2、梁某 3 的母亲。梁某 1 与简某生育了 3 个子女，分别为梁某 4、梁某 5、梁某 6。

2. 确认各方去世的时间以及向当事人解释梁某与郭某的股权的继承

方式。

梁某先于郭某死亡，而梁某 1 已于 2014 年过世，又没有办理相关继承手续，且梁某 3 已在《人民调解协议书》中表示放弃继承，简某及梁某 1 的子女作为梁某 1 的继承人，是有权继承梁某与郭某的股权的，因此梁某与郭某的遗产应由简某、梁某 2、梁某 4、梁某 5、梁某 6 共同继承。

经大家协商，由简某继承梁某和郭某的股权，梁某 2、梁某 4、梁某 5、梁某 6 均同意放弃继承，并去公证处办理了相关放弃继承的公证声明。但对上述股权的继承问题，梁某 3 与简某的意见存在分歧，不愿意配合办理相关公证手续。

律师通过分析案件情况以及查阅该案的相关证据材料，发现虽然梁某 3 在《人民调解协议书》上的约定的表述为“梁某 1 父母以后的股份所得与梁某 3 无关”，但在这份《人民调解协议书》中对纠纷简要情况的记录为“征地补偿及股权分配问题”，结合梁某 3 在签署了这份《人民调解协议书》后，特别在她哥哥过世后，她大嫂继续领取她父母的股权分红，她是清楚知道这个情况但一直也没有提过任何异议的，可以推定梁某 3 在签订《人民调解协议书》时的真实意思表示是放弃对其父母股权的继承权而不仅是分红权。因此，律师建议简某可以通过诉讼的方式继承梁某与郭某的股权。

四、处理结果

律师整理了相关的证据材料后，代简某向广州市海珠区人民法院提起诉讼，案件于 2022 年 2 月在广州市海珠区人民法院开庭审理，2022 年 4 月，广州市海珠区人民法院作出民事判决，判决由简某依法继承梁某、郭某的股权，梁某 3 需要配合简某办理相关股权的变更手续。

五、案例点评

该案在经社区居委会人民调解委员会调解，双方签订《人民调解协议书》后本应定分止争，现在再起风波的根源在于《人民调解协议书》约定条款的订立并非专业的法律用语，更偏向市井间的日常说法，从而导致了当事人在理解上可能产生了歧义。现在村、社区都设立了法律顾问，而且村

（社）法律顾问还是各村（社）人民调解委员会中的一员，因此，建议市民经人民调解委员会达成调解意向的，所签订的调解协议书的约定条款能经村（社）法律顾问审核把关，使用规范的法律用语，以避免日后履行调解协议书时再产生其他的法律问题。同时，村（社）法律顾问也应当积极参与到村（社）的调解工作中，发挥村（社）法律顾问把问题解决在基层的积极作用。

另外，家庭财产的传承，与每个人的利益息息相关。随着社会经济的不断发展，家庭人员结构复杂化，个人财产的不断增加，特别是农村集体经济收益也日渐提高，继承人之间的利益冲突日益明显。因此建议老人家最好在生之时能立下一份有效遗嘱，这样既避免了继承人之间的争议，也会使继承人在继承遗产时省时省力，促进家庭和谐。

依法巧用新思路，终结居民漫漫维权路

——要善于倾听，在原则性与灵活性上寻求有机平衡

广东纬国律师事务所　梁映妍

一、案情介绍

曾某是A村的村民，10多年以前出资向村委会购买一块土地，拟登记在仅10岁的儿子曾小甲名下，当时手续没有现在完善，村委会仅出具一张买地的收据，并按照曾某要求，收据名字为其儿子曾小甲，随之曾某在购买的土地上建设了房屋一栋，并一直居住至今。

后在政府组织下，A村村委会辖内土地能够办理土地证，曾某委托了其父亲曾老先生办理该手续，但不知是哪个程序出了问题，土地证登记在曾老先生名下。

自此，曾某走上了漫漫维权之路。10多年过去了，曾某的问题一直没有得到有效解决。

曾某获知了政府实施惠民政策，为广州市辖区内各村居聘请村居法律顾问，于是曾某通过村委会与A村村居法律顾问梁映妍律师联系，并向梁律师反映其诉求，曾某至今已经60多岁，身体仍然健康，但由于文化程度有限，一直控诉A村当年的村干部工作存在失误，将土地错误登记在曾老先生名下，而没有登记在其儿子曾小甲名下。曾某反映曾老先生已经死亡多年，要求现在的村委会干部给他解决此问题，将土地重新登记在他儿子曾小甲名下。

二、法律分析

村居法律顾问梁映妍认为，曾某多年维权无效，是因为土地已经登记在

就曾老先生名下，无法逆转，而且从发证至今已经10多年了，现在的村干部对此事也没有参与，甚至对发证的情形不知情，从政策上考虑也无计可施。

村居法律顾问梁映妍律师认为不应当纠结过去的对错，应当从现状出发，就如何解决曾某的房屋权属问题，回归法律焦点以及法律适用，该案案由应当属于继承纠纷。

三、处理过程

（一）倾听当事人诉求，了解案件缘由

村居法律顾问梁映妍律师认真倾听了曾某的诉求，包括其购买土地的初衷，委托其父亲办证的经过，以及其10多年以来如何向村委会干部要求更正土地登记的情形等。

（二）与村委会沟通，多方面了解案件情况

鉴于曾某一直控诉村委会错误办证，经梁律师了解，由于事情发生至今已经10多年，当时办证的干部已经退休，而且土地证已经登记在曾老先生名下，其已经死亡，从法律诉讼程序和案件调查取证考虑，更正当时的错误显得十分困难，现任村干部对此也无能为力，无法处理。

（三）通过沟通调解，转化当事人的思路

村居法律顾问梁映妍律师对曾某的不满以及控诉表示理解，梁律师先行安抚曾某情绪，并引导其不应纠结于错误发证、要求更正土地证权属给其儿子的诉求，而应当结合不可逆转的现状，从如何有效维护自身利益角度出发，解决问题。曾某也听取了梁律师的意见，转变思维，寻求更好的解决方案。

（四）了解当事人家庭情况，结合法律规定，制定解决方案

梁律师经过询问曾某的家庭、曾老先生继承人等情况，认为案件能够通过财产继承的方式回归原位。结合目前证据显示，土地证虽然登记在曾老先

生名下，买地收据登记在当时年仅10岁的儿子名下，但实际房屋的买地、建房的费用均由曾某出资，而且目前曾老先生及其配偶已故，曾老先生的儿子女儿（曾某的兄弟姐妹）对此事实也予以确认，曾老先生以及其配偶死亡时也没有立下遗嘱。

当前土地登记在曾老先生名下，其已经死亡，该房屋属于其遗产，虽然目前没有房产证，但有较大使用价值以及财产价值，且曾某出资建设并居住至今，应当通过法律继承的方式以促成曾某拿回土地使用权以及房屋所有权，由曾某另行通过立遗嘱的方式将房屋指定给其儿子曾小甲继承。

四、处理结果

梁律师循循善诱，从现状困难、法律适用以及解决方案的保障性等多角度出发，多方面与曾某分析利弊，最终使其接受这个解决方案。

根据相关法律规定，曾老先生以及其配偶生前没有立下遗嘱，且曾老先生以及其配偶的父母均早于其死亡，按照法定继承，第一顺位继承人为其曾老先生及其配偶的子女，即曾某的兄弟姐妹。

随之，曾某马上联系其兄弟姐妹到村委会，由梁律师当场制作法律文书，曾某声明继承该土地使用权以及房屋所有权，曾某的其他兄弟姐妹书面放弃继承该土地使用权以及房屋所有权，曾老先生的全部法定继承人在村委会一并签署。最终，曾某10多年的诉求得到有效解决。

通过该法律文书的签署，曾某放下心头大石，避免了日后房屋基于继承问题出现的风险，该文书有效反映了该房屋财产属于曾某所有，曾某日后也可以通过遗嘱方式赠与儿子。

2021年，广州市政府更发布对曾某有利的房屋确权政策，并已经进行地籍调查登记，相信日后曾某能够如愿合法有效地将房屋登记在其儿子名下，并领取该房屋的房产证。

五、案例点评

（一）村民纠纷无小事，需要村居法律顾问更多的倾听

村民由于文化程度有限，不清楚相关法律法规，一个错误办证的行为维

权了10多年，无法得到有效解决。作为一名村居法律顾问，懂法律、用法律是其专长，但更应关注村民的难点，善于倾听村民的诉求，理解他们的主张，结合法律规定，尽可以给予有效的解决方案，让村居法律顾问的服务惠及村民，响应党的号召做好实事。

（二）解决历史问题，转换思路，寻求突破口

如该案当事人曾某，其错误发证的行为至今已经10多年了，已经成为历史问题，如果追溯其根源，追究对错，已经于事无补，从法律实践角度出发，按照曾某要求重新登记发证也难以实现。因此，应当转换思路，结合现状，通过情绪疏导、法律分析，给当事人权衡利弊，寻求突破口，给予当事人“柳暗花明又一村”的可能性，制定有效解决方案，尽可能维护村民的合法利益。

调解解心结，居民喜用新水管

——树立多元化调解解决民事纠纷理念

广东骏道律师事务所　刘　莹

一、案情介绍

广州某小区是20世纪90年代末建成的老旧小区，该小区没有聘请物业公司进行统一的物业管理，只能通过业主自行管理的方式完成小区的清洁、安保等基础物业管理工作。小区的自来水管线路也是那个时候设置的，小区建成后从未进行过更换。随着时间的推移，水管反复使用，20年过去了，旧的自来水管线内壁被污水不断腐蚀，越来越薄，污浊的堆积也使水管的自我疏通能力越来越差，管道经常出现“跑冒滴漏”的情况，最终导致居民用水时水压小、高层居民用水难等情况屡屡出现，居民们对此头疼不已。

在居民的急切呼声和推选之下，该小区某楼栋的楼长吴先生与其他热心居民一起组成水管改造小组，组织该楼栋的居民一起筹集资金更换水管。水管改造小组首先请来专业机构人员前往现场进行查看。专业机构人员判断，解决问题的方法是更换现有管道，并且最好更换口径更大的管道。随即水管改造小组组织居民开会，询问该楼栋居民的意见，居民表示理解，并同意更换大口径管道以及分担费用，但是居住在一楼的万先生却不愿意更换。万先生认为，自家楼层低，堵塞、返水、水压小等影响用水的情况发生概率比较低，可以继续使用原管道，没必要多花钱，因此不同意更换。水管改造小组4次与万先生调解无果后，为了尽早解决高层住户用水、水管老化等问题，水管改造小组与专业机构人员、业主多次开会商议，决定保留原有水管供万先生使用，在合理位置上增加一条新水管，费用由除万先生以外的其他同意增加水管的住户共同分摊。新水管工程完工后，洗澡难、水压小等一系列困扰高层居民多年的问题也得以顺利解决。同时，居民们也反映水质变得更好了。可是万先生心里却觉得不是滋味，投诉水管安装方案不合理，要求居委会进行调解。

二、法律分析

（一）业主可以共同决定物业管理工作由业主自行共同管理或者委托物业服务企业等管理人管理

《民法典》第二百八十四条第一款规定，业主可以自行管理建筑物及其附属设施，也可以委托物业服务企业或者其他管理人管理。

上述小区业主没有委托物业服务企业进行小区物业管理，应当由小区业主共同自行管理小区物业。

（二）新、旧管道以及铺设的墙面系业主共有部分，业主享有共同管理的权利

《民法典》第二百七十一条规定，业主对建筑物内的住宅、经营性用房等专有部分享有所有权，对专有部分以外的共有部分享有共有和共同管理的权利。同时《民法典》第二百七十三条第一款规定，业主对建筑物专有部分以外的共有部分，享有权利，承担义务；不得以放弃权利为由不履行义务。

新、旧管道和建筑物的外墙属于建筑物专有部分以外的共有部分，业主对共有部分享有共有和共同管理的权利。业主对专有部分以外的共有部分既享有权利，又应当承担义务。

（三）业主共同决议增设水管符合法律规定的表决规则，即为合法行为

《民法典》第二百七十八条规定，下列事项由业主共同决定：……（6）筹集建筑物及其附属设施的维修基金；（7）改建、重建建筑物及其附属设施；业主共同决定事项，应当由专有部分面积占2/3以上的业主且人数

占比 2/3 以上的业主参与表决。决定前款第六项至第八项规定的事项，应当经参与表决专有部分面积 3/4 以上的业主且参与表决人数 3/4 以上的业主同意。水管增设工程在水管改造小组的组织下，经过全体业主多次协商，最终确定改造方案和资金筹集、使用方案，参与表决以及同意的业主符合《民法典》第二百七十八条规定的表决规则，属于合法的业主自治行为。

（四）业主决定对水管铺设费用平均分摊，符合法律规定

《民法典》第二百八十三条规定，建筑物及其附属设施的费用分摊、收益分配等事项，有约定的，按照约定；没有约定或者约定不明确的，按照业主专有部分面积所占比例确定。水管增设的资金筹集、使用方案，由全体业主经过多次协商确定，符合《民法典》第二百八十三条规定的有约定的情形。

（五）水管增设工程，也应合理设计，尽力避免给其他业主造成影响和妨碍

水管增设，绝不仅是业主的家事，增设工程可能会涉及整栋楼宇，可能影响到其他业主，所以在施工前、施工中都应妥善处理好相邻关系，做到设计合理、利益兼顾，以免给其他业主造成困扰。这样也可以保障工程顺利进行。

三、处理过程

街道城管科工作人员、居委会工作人员、社区民警和社区律师与调解各方当事人一同去现场勘察，初步判断水管铺设方案不存在明显违法以及不合理的情形，而后前往居委会会议室召开调解会议，对该水管改造事项进行第五次调解。首先，由万先生提出反对水管改造的意见，水管改造小组代表吴先生一一作出回应。然后，由社区律师对各业主意见中涉及的法律规定进行解释，为各方分析各自的权利义务，帮助各方以更客观的角度考量目前遇到的实际问题。之后，社区律师建议吴先生介绍水管改造之前楼上业主生活遇到的不便利情形以及改造后的用水情况。社区律师为双方分析利害关系，劝

解双方正确认识问题，妥善解决问题。

四、处理结果

最终万先生态度有所转变，双方互相表示理解，吴先生表示只要万先生申请使用新水管并参与分摊水管改造的费用，改造小组愿意为万先生开放水管接口。调解工作取得了较好的效果。

五、案例点评

近年来，伴随旧楼的老化，旧楼及配套设施的维护、修理等问题日益突出。由于旧楼存在没有缴交维修基金或者维修基金缴交不足的情况，各层居民对维护、修理的需求程度不一样，维护、修理方案和资金筹集、分配方案等就成为居民之间的矛盾点，而这些矛盾如果未得到妥善的解决，将会一直持续影响小区往后的安稳生活。因此，处理这些矛盾，除在法律方面为居民进行详细的解释外，更要从邻里关系的长久性和亲密性角度耐心地做双方思想工作，帮助各方互相体谅、友好生活。

“情、理、法”是邻里纠纷调解的三板斧

——从既有住宅增设电梯纠纷调解成功案例中看“情、理、法”

广东广信君达律师事务所　刘穗珊　王梓滔

2022 年 8 月 22 日，广州市越秀区某街的一栋旧式楼宇因既有住宅加装电梯工程发生纠纷，电梯加装业主代表与该楼栋 103 房反对户代表来到社区请求评理。笔者应社区居委会邀请参加了调解，最终成功促使了双方握手言和。

一、案情介绍

故事还得从 2022 年 3 月讲起。位于广州市越秀区某街的一栋旧式楼宇因加装电梯事宜，业主们已通过合法的表决程序，并且已走完规划报建等整套流程，电梯工程即将于 3 月动工。但此时该楼栋的 103 房住户却以加装的电梯阻挡其进出门口、对通行造成严重影响、对房屋价值造成贬损等理由向业主代表索要高额补偿费，否则不给电梯施工。经过多次协商都未能解决。

8 月 22 日，双方又旧事重提，烽烟再起，于是又找到社区居委会请求调解。社区居委会马上向“刘穗珊物权保护纠纷人民调解工作室”寻求法律帮助。笔者此时正在调解工作室值班，接到通知后马上赶赴现场。经了解，得知该楼栋业主们此前已经就电梯加装一事征得绝大部分业主同意并作出公示，也向规划部门报建审批，而在公示期内并没有收到 103 房住户的异议。还有一个关键点是 103 房住户原规划图纸上的门口朝向应是在大楼楼道内，并非朝向大楼外侧，其私自改建门口后所称的阻挡进出门口对外的区域

是公共通行地方，属于公共面积部分，不属于103住户的专用面积，也不属于其进出门口范围。后该住户还将改建后的门口区域加建防盗网围起，占用公共地方阻碍公共通行。

协商过程中，业主代表前后表示愿意以5000元至20,000元的价格补偿给103房住户，但由于103户获悉该街的类似纠纷中，其他两户通过协商途径均获得75,000元的补偿款，故其以补偿款太低为由拒绝协商，并要求不低于50,000元的补偿，否则不会善罢甘休。

二、法律分析

（一）既有住宅增设电梯是否应经业主共同一致通过？

根据《民法典》第二百七十八条的规定，增设电梯属于业主共同决定的事项，但从表决比例规定来看，并非需要一致通过，而是应当由专有部分面积占比2/3以上的业主且人数占比2/3以上的业主参与表决，并经参与表决专有部分面积3/4以上的业主且参与表决人数3/4以上的业主同意。只要达到上述表决通过比例，少数反对住户不得干涉该决定。

（二）民事活动应以守法与公序良俗为前提

《民法典》第八条规定，民事主体从事民事活动，不得违反法律，不得违背公序良俗。

在该案中，103住户违规私自改建门口朝向，将公共区域用防盗网围蔽起来占作私用阻碍公共通行，这与大楼整体的规划图纸本身就不符。现在还以改建后之不当利益因电梯加装受到侵害为由主张补偿甚至赔偿，在法律上不应获得支持。

三、处理过程

在明知103住户不占理但仍然协商多次未能解决的情况下，若此时“一刀切”地评判谁是谁非，有可能更加激化双方矛盾，令调解再度陷入僵局。笔者思索了一会儿，决定用“先情后法”的方法，先以街坊情谊作为话题引入，传递在和邻睦里的环境下更能促使形成家庭幸福价值观的思想，再着手对双方的行为与主张作通俗易懂的法律分析，还通过提前检索的数篇同类案例概括总结出若调解不成走到诉讼程序时法院有可能支持的补偿金额范围，帮助双方在法律框架内对自己的行为造成的法律后果形成初步的判断，降低心理预期。笔者又采取“背对背”的调解方式单独与103房住户做思想工作，在民事方面告知《民法典》与广州市既有住宅增设电梯的政策与规定，明确告知私自改建门口朝向已理亏在先，再结合判例补偿的数额范围提出对其较为有利的解决方案；同时在刑事责任方面加强法治教育，劝导其万一调解不成也要通过合法的方式维权，否则有可能被追究刑事责任。

四、处理结果

就这样，笔者与居委会专干交叉穿梭在业主代表与103房住户中说法说理，轮番劝导，双方情绪慢慢得到缓和，最终都愿意做出退让，以业主代表向103房住户支付补偿款40,000元的方式握手言和，当场签订和解协议。

五、案例点评

在此类街坊邻里之间产生的纠纷调解中，笔者建议在劝导当事人时先将街坊情谊放在首位，正所谓“远亲不及近邻”，朝见口晚见面的街坊是你守望相助的“朋友圈”。以情浸透后，再通过法律上的权利义务以及道德范畴晓之以理，以此降低当事人的心理预期。在当事人都认识到对己不利的弊端后就要及时运用技巧使纠纷当事人与调解员产生某种程度上的共情，让大家都愿意聆听调解员的建议，这样更容易促成和解合意。此类纠纷调解的重点很多时候是在补偿数额上，至于法律上的谁对谁错其实并非调解重点，太以法律上的对错来坚持立场有时候并不一定利于达成最终的和解。因此，“情、理、法”是调解中不可或缺、刚柔并济的三板斧。

当然，这样的调解并不代表着“和稀泥”，必须“以事实为根据”，即在了解事实的基础上分清是非，在分清是非前提下明确各自的权利义务及权利的边界。因此，进行调解前要将发生纠纷的原因，争执的经过，争执后产生的现状了解清楚。事实不清，责任不明，调解就没有基础。具备法律专业知识的调解人员必须以不偏不倚的中立立场来依照法律规范与政策进行耐心细致的说服工作，促进解决纠纷共同意愿的达成。

此外，在调解前如了解到一方使用不合法途径尝试解决纠纷，或在调解中感觉到一方情绪激动时，调解员要及时劝导其以合法的方式维权，切勿冲动以身试法。

第三部分　乡村治理类案例

农村土地承包经营合同期满后是否自动续包30年

——农村土地承包续期年限该如何认定

广东杰海律师事务所　黄庆勇

一、案情介绍

梁某是海珠区某村某经济合作社的社员。1991年10月31日，梁某与该经济合作社签订《承包生产责任制合同》，合同约定梁某向经济合作社承包一块农用地用于种植果树，承包期限为1987年1月1日起至2016年12月1日止。2016年7月12日，经济合作社召开社员大会，大会表决通过该农用地期满后由经济社集体通过区“三资”交易平台公开招投标。梁某不服向人民法院提起诉讼，请求：（1）经济合作社向梁某书面公开恢复名誉、消除负面影响；（2）经济合作社承担该案全部诉讼费用，包括但不限于梁某立案、调查取证、聘请律师等一切费用；（3）经济合作社与梁某按现有《承包生产责任制合同》继续签订《土地承包合同》，承包经营期为2016年12月2日起至2046年12月1日止；（4）经济合作社全力支持梁某办妥土地承包经营权确权手续及取得有关权证；（5）将该案的土地承包合同期限变更为至2017年1月1日零时止。法院最后作出判决驳回梁某的第1、2、5项诉讼请求及裁定驳回梁某的第3、4项起诉。

二、法律分析

（一）为什么梁某主张的第1、2、5项诉讼请求被判决驳回？

1. 梁某主张“恢复名誉，消除负面影响”需举证证明侵权法律关系的存在。

根据《民法典》的相关规定，消除影响、恢复名誉是侵害人身权的一种责任承担方式。梁某称“为社员挽回了约4600万元的损失，但却被一群不明真相的社员恶言责骂、辱骂，导致名誉受损”，那么，梁某应当提供证据证明经济合作社实施了侵害梁某名誉权的行为、自己名誉受到了损失、侵害名誉权的行为与名誉受损的结果之间有因果关系、行为人有过错，否则该请求不会获得法院支持。

另外，梁某的这一主张涉及的是侵权法律关系，而梁某的其他诉讼请求涉及的是农村土地承包合同法律关系，即梁某的这一诉讼请求与其他诉讼请求属于不同的诉讼标的，应当另案提起诉讼。

2. 律师费在合同中双方没有约定的情况下应由梁某自行承担。

根据《诉讼费用交纳办法》第二十九条，诉讼费用由败诉方承担。而由《诉讼费用交纳办法》第六条可知，律师费不属于诉讼费用，属于梁某个人支出，在法律没有规定及承包合同中没有约定由违约方承担的情况下，应由梁某自己承担。

3. 梁某起诉土地承包合同期限变更为至2017年1月1日零时止的请求已无法实现。

梁某与集体经济组织签订的承包合同期限为1987年1月1日起至2016年12月1日止，为期29年11个月，比法定的30年期限少一个月，梁某的主张本应得到支持，但是，梁某是在2017年3月才向法院提起诉讼，2017年7月法院作出判决，此时梁某主张的诉讼请求已无法实现，因此被驳回。

（二）为什么梁某主张的第3、4项请求被裁定驳回？

梁某主张的第3、4项请求不属于人民法院的受理范围。梁某主张的第3、4项请求为继续签订土地承包经营合同和办理土地承包经营权确权登记，根据最高人民法院《关于审理涉及农村土地承包纠纷案件适用法律问题的解释》第一条“农村集体经济组织成员因未实际取得土地承包经营权提起民事诉讼的，人民法院应当告知其向有关行政主管部门申请解决”的规定，不属于法院受理范围，因此被裁定驳回。

三、处理过程

梁某的5项诉讼请求被法院判决和裁定驳回，但其认为集体经济组织剥夺了他的土地承包经营权的问题没有得到解决，这种情况下还有何救济途径可以采取？根据最高人民法院《关于审理涉及农村土地承包纠纷案件适用法律问题的解释》的规定，梁某还可以向主管农村集体经济组织的镇政府或街道办事处申请解决，若对镇政府或街道办事处的处理决定不服，可以向县、区级政府申请行政复议，如仍不服复议决定，还可以向法院提起行政诉讼。

若经过行政诉讼后最终确认集体经济组织经民主议定程序通过新的承包方案由集体统一对外发包，则梁某还可以根据《农村土地承包法》的规定在同等条件下行使优先承包权。

四、处理结果

梁某向广州市海珠区某街道办事处申请解决海珠区某街某村某经济合作社不依法发包农村土地承包经营权的问题。

五、案例点评

（一）梁某有无权要求集体经济组织按现有的《承包生产责任制合同》继续签订承包期限为30年的土地承包经营合同？

1. 该案的承包方式是家庭承包，承包期限是30年。

该案中，梁某是经济合作社的成员，1987年1月1日，梁某以户为单位向经济合作社承包的耕地地属于家庭承包方式。根据《农村土地承包法》第二十一条规定，在家庭承包方式下，耕地的承包期是30年。

2. 承包期限届满后，梁某能否继续承包视情况而定。

虽然《民法典》第三百三十二条第二款规定，承包期限届满后，梁某可按照国家有关规定继续承包。但是《农村土地承包法》（2018修正）第十九条规定“承包方案应当按照本法第十二条的规定，依法经本集体经济组织成员的村民会议三分之二以上成员或者三分之二以上村民代表的同意”，梁某能否继续承包要看经济合作社社员大会表决的新承包方案是否允许，假如新的承包方案表决不再发包给个人，而是由集体经济组织统一发包，则梁某应遵照集体决定。

（二）农村集体经济组织的集体会议对土地发包方案的决定能否排除村民（社员）的土地承包经营权？

《村民委员会组织法》《广东省集体经济组织管理规定》规定农村集体经济组织的重大决定需经民主议定程序通过，《农村土地承包法》亦规定土地承包方案应当经集体民主议定程序通过，这是否意味着集体决定作出的承包方案可以将村民（社员）的土地承包经营权排除？笔者认为土地承包经营权是村民的一项基本权利，受我国《宪法》和《物权法》的保护，农村土地承包方案应当保证村民的承包经营权，在村民放弃承包经营权的情况下才可以对外发包。但无论是《农村土地承包法》还是最高人民法院《关于审理涉及农村土地承包纠纷案件适用法律问题的解释》对此都没有明确的规定，导致各地法院判决不一。建议在修改《农村土地承包法》时明确集体经济组织集体讨论通过的承包方案不得剥夺村民的土地承包经营权。

“外嫁女”身份与股权固化结果冲突的审查认定

——一宗“外嫁女”集体经济组织成员资格确认纠纷案

北京大成（广州）律师事务所　嵩　朕

一、案情介绍

海珠区某经济联合社收到外嫁女潘某娟要求确认其为该经济联合社成员的申请书，要求确认其自 2002 年 10 月 1 日起享有社员身份，并按照一定的金额对其进行分红。

根据中共海珠区委办公室、海珠区人民政府办公室《关于“城中村”改制工作的实施意见》第二条第五款的要求，并在政府的指导和管理下，该经济联合社于 2002 年 10 月 1 日 0 时前，对原村民进行了股权固化。

潘某娟在股权固化时为“外嫁女”，按照当时的村规民约，其并没有享有股权固化的资格，其在股权固化时亦没有向该经济联合社提出申请要求确认其社员身份。

该案缘由：该联合社另一名“外嫁女”通过一系列的诉讼程序最终确认享有社员身份，故潘某娟也向该联合社主张权利，要求同样确认其自 2002 年 10 月 1 日起享有社员身份，并按照一定的金额对其进行分红。

二、法律分析

1. 结合《广东省农村集体经济组织管理规定》第十五条第一款、第四款及第十七条的规定，潘某娟在婚后便迁至海珠区某街某经济合作社（为另一经济合作社，并非讼争当事人）生活和工作，不再纳入该经济联合社社区的管理范围，也不承担相应的社区管理、服务等方面的责任。

2. 根据最高人民法院研究室《关于人民法院对农村集体经济所得收益分配纠纷是否受理问题的答复》的规定，“农村集体经济组织与其成员之间因收益分配产生的纠纷，属平等民事主体之间的纠纷”。潘某娟的第二项诉讼请求（要求按照一定金额分红）应属平等民事主体间的纠纷，不属于行政处理的范围，且潘某娟未在有效时间内主张权利，现已超过民事诉讼时效，其请求应当不予支持。

3. 该经济联合社是在政府的指导和管理下，严格按照法律法规所规定的程序和时间，对本集体股权进行的固化，是合法有效的，未经法定程序不得改变。

4. 潘某娟没有在法定时间内向该经济联合社进行股权申报，亦没有在有效时间内对股权固化结果提出过异议，应当视为潘某娟对申请固化股权权利的放弃和对股权固化结果的认可，其应当自行承担相应的法律后果。

5. 股权固化工作不但消耗了大量的人力物力，更涉及集体经济组织成员的切身利益，在已合法确定股权固化的基础上，未经法定程序便改动股权比例是对股权固化工作的否定，损害了集体的合法利益，并可能影响社区的稳定。

三、处理过程

在首次行政处理阶段，我们与该经济联合社沟通后，根据法律规定进行了相关分析，并根据分析结果提出上述分析意见。

经审理，最终街道办支持了我们的答辩意见，驳回了潘某娟的申请。潘某娟收到街道办的决定后，向某区政府提出行政复议，经某区政府的审查，认定街道办的行政决定不合法，责令街道办重新作出行政处理决定书。

收到某区政府的行政复议决定后，街道办又重新作出行政处理决定，认定潘某娟为该经济联合社的社员，其社员身份应当自 2002 年 10 月 1 日起享有（除此之外，其他请求未予支持）。经沟通确认，该经济联合社对街道办新作出的行政处理决定书申请行政复议，但某区政府的行政复议依然维持了街道办新作出的行政处理决定书。于是，该经济联合社向广州铁路运输法院提起行政诉讼，要求撤销某区政府的行政复议决定及街道办新作出的行政处理决定，并由街道办重新作出行政处理决定。

四、处理结果

经审查，广州铁路运输法院认为某区政府的行政复议决定及街道办新作出的行政处理决定违法，撤销了某区政府的行政复议决定及街道办新作出的行政处理决定，并判决由街道办重新作出行政处理决定。街道办提出上诉，广州铁路运输中级法院驳回街道办的上诉请求，维持广州铁路运输法院一审判决。

收到生效判决后，街道办再次作出行政处理决定书，认定潘某娟依法享有该经济联合社社员身份，但应当自其主张权利之日（向街道办提出行政处理申请之日）起享有，对其主张权利前的社员身份权利不予认定。该行政决定经过行政复议及行政诉讼后，最终生效。

五、案例点评

该案中涉及了广州大多数集体经济组织都面临和存在的“外嫁女”问题，虽然“外嫁女”在符合法定条件的情况下，应当享有集体经济组织成员身份这个观点在规定上及实践中均不存在争议，但从何时享有及其权利如何追溯却需要结合案件具体情况判断。

该案中，潘某娟是“外嫁女”的身份没有争议，其应当依法享有社员身份亦应予以支持，但是其在该经济联合社股权固化时并未提出申请，在其后的若干年时间中也没有提出过异议，从这个层面上来说，可理解为一方面其认可了该联合社的股权固化结果；另一方面其长期怠于行使自己的权利，显然完全支持她的请求是不合理的。而倘若贸然同意其自股权固化之日便享有社员身份的申请，这样将直接否定股权固化的一系列工作，更需要集体将已经分配的分红回收后再次分配，一旦开展这样的工作将造成其他社员的抵触，严重的可能影响社区的稳定。

鉴于此，在依法依规的前提下，亦应当充分考虑集体经济组织的历史和现状。该案最终生效的判决亦是遵循了该思路，整体上兼顾了各方的利益及关系，也更加容易实施和执行，不会对已确认和执行的股权固化工作造成重大冲击。可以说该案经过了多个程序，最终充分考虑了法律法规规定及基本事实和历史沿革，对集体经济组织成员身份时间的认定，具有重大的参考意义。

农村土地租赁纠纷的调解思路

——广州市增城区新塘镇某村租赁合同纠纷案

广东群竹律师事务所　常　峰

一、案情介绍

2021 年 11 月，在广州市增城区新塘镇某村，村民之间发生了一起租赁合同纠纷，我参加了调解工作。事情的经过是这样的：出租方与承租方签订租赁合同，约定由承租方承租出租方的厂房，但合同的租赁期限早已到期，双方由于相互之间的信任，并没有重新签订租赁合同而是继续按照原合同执行，租金也没有变化，但由于近年来国家经济水平的提高，厂房周边的其他人的厂房租金远远高于出租方的厂房租金，加之出租方在厂房的投入与支出的增加，如果其继续按照与承租方约定的十几年前的租金标准收取租金已明显对出租方不利。出租方与承租方商谈上涨租金，承租方刚开始明显拒绝并且态度恶劣，于是双方争执不出结果，闹到了村委会，村委会找到了我，让我组织调解工作。我在了解案情后，进行了法律分析。

二、法律分析

《民法典》第七百三十四条规定，“租赁期限届满，承租人继续使用租赁物，出租人没有提出异议的，原租赁合同继续有效，但是租赁期限为不定期。租赁期限届满，房屋承租人享有以同等条件优先承租的权利。规定租赁合同到期后”。在该案中，租赁合同双方在租赁合同已经到期的情况下，未继续签订新的租赁合同，出租人也没有提出异议，出租人允许承租人继续使用租赁物，实际上双方之间已经形成了不定期的租赁合同。出租人完全可以随时要求承租方搬离租赁物，只需要给承租方合理的期限。从这一点看，出租方完全占据优势地位。但是后来了解到，该案涉房屋没有产权证，实际上租赁合同是无效的，那么根据法律规定，合同无效，所有民事法律行为全部回归原点，这显然对双方来说都不利，但是这在农村是很普遍的现象，我也无力去做出改变。此外，承租人作为一个小企业主，在村里已经带来了经济效益和就业，如果现在搬迁厂房，无疑是对村、对租赁双方都不利的局面，所以，笔者建议双方继续签订新的租赁合同，虽然实践中，将来发生纠纷很有可能被法院认为租赁合同无效，但是租赁合同无效，法院也会参照租赁合同约定的租金标准，保护出租人的利益，也就是租赁物占用费，这样同样也能保护双方的利益。想到这个对策之后，我便开始做起了双方的思想工作。

三、处理过程

我了解案情后，首先做起了承租方的思想工作，“首先，你们之间的租赁合同早已到期，虽现在按照原合同执行，但出租方按照法律规定随时可以要求收回厂房；其次，由于案涉厂房并没有产权证，你们所签订的合同是无效的，但由于出租方对厂房拥有完全的使用权，按照法律规定有权利要求你返还厂房；最后，你们双方之间一直存在良好的合作关系，不存在纠纷，出租方在你承租期间很好地保障了你使用厂房，并且你的公司现在处在盈利状态，出租方要求上涨的房租明显低于周围的市场价，如果你坚持不同意涨房租，当出租方按照法律规定收回厂房时，你就面临搬厂、寻找新的厂房、工厂停工等诸多事情，届时你所面临的支出与损失将会远远大于涨租后的租金”。

之后我也对出租方做了思想工作，“由于你的房屋是没有产权证的，当年签订的租赁合同当属无效，你现在的诉求是涨租金，没有必要闹得那么僵，到时候对方不租了，你不是什么都没得到，你涨租金也让让步，对方作为企业主，考虑最多的就是成本问题，你的价格合适，长期租赁对你来说利益才能持久不是吗?”

四、处理结果

我陈述了案情的利弊后，双方愿意妥协。最终，在我的调解下，双方同意重新签订租赁合同并对租金进行了重新约定。

五、案例点评

该案中的租赁合同纠纷，其实在村里面是很普遍的现象。十几年前的土地、房屋，几百块、几十块就租出去或者卖出去，结果没人想到经济腾飞、时过境迁，几百块的租金对于出租人来说，只能用苦不堪言来形容。而且这种情况下，还不能适用《民法典》的情势变更原则，因为情势变更原则对商业风险是不做保护的。当初出租方未考虑到物价飙升的商业风险，现在也无法解除合同，只能通过双方协商、调解的方式，让村民之间的矛盾尽可能缓解。

总结：法律顾问到村参与调解纠纷，看似鸡毛蒜皮，但如果不及时化解，就有可能激化。而且好多矛盾，通过调解解决纠纷，反而比走诉讼程序的效果更好。通过调解得到的结果多数能让双方心服口服，很多时候还能言归于好，收效显著。法律顾问进村居，主动走近群众，实现法律服务“零距离”就是要将矛盾化解在基层。

一直以来，我始终秉持“不忘初心，牢记使命”的精神，对每一件村居纠纷都认真对待，力争化解矛盾，让双方满意。为了更好地向村民普及法律知识，我在村委工作人员的组织下多次开展法制宣传讲座工作，宣讲村民生活中常见的法律工作，例如“民间借贷问题、婚姻家庭问题、租赁合同问题等”并发放了几百份普法宣传资料和一百多本法律书籍，取得了良好的社会效果。

很荣幸能够参与到一村（社区）一法律顾问工作当中，能面对面地为人民群众解决纠纷划界矛盾。担任某村法律顾问期间，我充分认识到开展一村（社区）一法律顾问工作在加强社会建设、创新社会管理、创新法律服务上的重要意义，充分体会到作为一名村居法律顾问的社会责任。

“外嫁女”权益受侵害如何维权

——“村民会议”侵害集体经济组织成员权益的救济方式

广东利悦律师事务所　陈新端

一、案情介绍

该案当事人梁女士为广州市从化区甲村乙经济社社员，自1976年5月2日出生以来，一直在乙经济社生活，户口也入户在乙经济社处，梁女士在2010年8月25日登记结婚，婚后户口仍保留在乙经济社，未发生迁移且未在丈夫户籍地享受土地分配及相关福利待遇。

2017年，广州市从化区甲村乙经济社因汕湛高速建设征地而获得政府发放的征地补偿款，该社就征地补偿款发放问题召开户代表会议，并表决通过了《关于甲村乙经济社汕湛高速征地集体征地款分红意见》，该份分红意见规定，“甲村乙经济社汕湛高速征地集体征地款分红按照乙经济社现有人口登记分红，出嫁女及子女和事实婚姻的妇女（与）分红无关”，其后乙经济社在分配征地补偿款时，认定梁女士为出嫁女，并拒绝向梁女士发放征地补偿款，梁女士认为乙经济社侵犯了自己的社员权益，于是开始了漫长的维权之路。

二、法律分析

该案中，梁女士自出生以后一直在乙经济社生活，户籍、社员身份一直未变并享有从化区甲村乙经济社社员待遇（包括选举和被选举权），依法履行法律法规和组织章程规定的义务，根据《广东省农村集体经济组织管理规定（2013 修订）》第十五条第一款“原人民公社、生产大队、生产队的成员，户口保留在农村集体经济组织所在地，履行法律法规和组织章程规定义务的，属于农村集体经济组织的成员”的规定，梁女士具备从化区良口镇甲村乙经济社集体经济组织成员资格。另根据《妇女权益保障法》第五十五条“妇女在农村土地承包经营、集体经济组织收益分配、土地征收或者征用补偿费使用以及宅基地使用等方面，享有与男子平等的权利”，第五十六条第一款“任何组织和个人不得以妇女未婚、结婚、离婚、丧偶等为由，侵害妇女在农村集体经济组织中的各项权益”，《广东省实施〈中华人民共和国妇女权益保障法〉办法》第二十四条第一款“农村集体经济组织成员中的妇女，结婚后户口仍在原农村集体经济组织所在地，或者离婚、丧偶后户口仍在男方家所在地，并履行集体经济组织章程义务的，在土地承包经营、集体经济组织收益分配、股权分配、土地征收或者征用补偿费使用以及宅基地使用等方面，享有与本农村集体经济组织其他成员平等的权益”等规定，乙经济社以梁女士是出嫁女为由不向其分配征地补偿款的行为明显违反了上述规定，损害了梁女士的合法权益。

三、处理过程

（一）申请确认集体经济组织成员资格，要求参与分配征地补偿款

由于乙经济社拒绝向梁女士发放征地补偿款，2017 年 10 月 10 日，梁女士向从化区良口镇政府提出行政处理申请，请求：（1）确认梁女士具备乙经济社集体经济组织成员资格；（2）责令乙经济社允许梁女士参与分配土地征收补偿款。良口镇政府于 2018 年 1 月 18 日对乙经济社社长梁某焴进行了调查询问，并审查了相关的证据材料，于 2018 年 1 月 26 日作出从良府决〔2018〕6 号行政处理决定书，认为梁女士自出生至今，户籍登记在从化区良口镇甲村乙经济社 21 号，未做任何变更且一直享有与其他村民同等的权利，具备从化区良口镇甲村乙经济社集体经济组织成员资格。乙经济社关于集体征地款的分红意见明确了分红人员范围是乙经济社现有登记人口，却对出嫁女的权益单独进行表决，将梁女士排除在外，违反了《广东省实施〈中华人民共和国妇女权益保障法〉办法》第二十三条、第二十四条规

定，损害了梁女士的合法权益，良口镇政府因此决定：确认梁女士某经济社的农村集体经济组织成员资格，享受与本集体其他组织成员平等的权益。作出该决定后，良口镇政府于2018年1月29日将决定书送达梁女士，于2018年1月31日将决定书送达甲村治保主任梁某某。

（二）经历两次行政诉讼，法院均支持确认梁女士的集体经济组织成员资格

2018年10月，乙经济社不服良口镇政府作出的从良府决〔2018〕6号行政处理决定书，向广州铁路运输法院提起了行政诉讼，请求撤销该份行政处理决定书。广州铁路运输法院经审理后认为：《地方各级人民代表大会和地方各级人民政府组织法》第七十六条第三项、第六项规定："乡、民族乡、镇的人民政府行使下列职权：（三）保护社会主义的全民所有的财产和劳动群众集体所有的财产，保护公民私人所有的合法财产，维护社会秩序，保障公民的人身权利、民主权利和其他权利；……（六）保障宪法和法律赋予妇女的男女平等、同工同酬和婚姻自由等各项权利。"良口镇政府作为镇一级人民政府，有权对梁女士确认农村集体经济组织成员资格的申请作出行政处理决定。另认为：梁女士出生后入户乙经济社，结婚后户籍未发生变化，乙经济社并无证据表明梁女士未履行法律法规和组织章程规定的义务，因此，梁女士依法属于乙经济社集体经济组织成员，并享受相应成员待遇。乙经济社的集体征地款分红意见对出嫁女不予分配，违反了法律规定，侵害了梁女士的合法权益，良口镇政府依法作出行政处理决定，认定梁女士具有乙经济社农村集体经济组织成员资格，享受与其他组织成员平等的权利，认定事实清楚，适用法律正确，于是判决驳回了乙经济社的诉讼请求。

乙经济社不服广州铁路运输法院的一审判决，于2019年8月向广州铁路运输中级法院提起了上诉，广州铁路运输中级法院于2020年2月19日作出（2020）粤71行终244号行政判决书，判决驳回上诉，维持原判。

（三）再经历两次民事诉讼，才最终拿到征地补偿款

由于乙经济社在广州铁路运输中级法院作出行政判决书后依然没有向梁

女士发放征地补偿款，梁女士无奈之下只能再向从化区人民法院提起民事诉讼，请求：(1) 广州市从化区良口镇甲村乙经济社向梁女士支付第一期部分征地补偿款90,000元；(2) 广州市从化区良口镇甲村乙经济社今后在发放村民待遇时，应同时给梁女士发放。从化区人民法院在审理后作出判决，支持了梁女士的全部诉讼请求，但是乙经济社不服判决，向广州市中级人民法院提起上诉，请求撤销原判决，改判驳回梁女士的诉讼请求。广州市中级人民法院经审理后作出终审判决，驳回了乙经济社的上诉，维持原判。该份判决生效后，梁女士向法院申请了强制执行，经过法院的协调，乙经济社才向梁女士发放了应发的征地补偿款。

四、处理结果

该份判决生效后，梁女士向法院申请了强制执行，经过法院的执行，乙经济社才向梁女士发放了应发的征地补偿款。

五、案例点评

该案是典型的集体经济组织侵犯“外嫁女”社员权利的案件，虽然《村民委员会组织法》赋予了集体经济组织对集体事项自治的权利，但是集体经济组织的自治前提是合法合规，不能侵犯社员的合法权益，对集体经济组织侵犯社员合法权益的行为，受侵害的社员有权利向人民法院提起诉讼。《妇女权益保障法》和《广东省实施〈中华人民共和国妇女权益保障法〉办法》对妇女权益的保护已经有了明确的规定，权益受侵害的妇女，应该学习梁女士锲而不舍的维权精神，及时通过法律手段保护自身的合法权益。

承包协议未经民主议定程序，青苗补偿该归谁

——曾××、曾甲、曾乙与某市HP区某镇PX村第一、第二、第三、第四经济合作社、PX村经济联合社承包地征收补偿费用分配纠纷

广东厚载律师事务所　范俊平

一、案情介绍

曾××与方××为夫妻，两人育有曾甲与曾乙两子女，均非PX一社、PX二社、PX三社、PX四社、PX联社的集体成员。方××在2017年9月8日去世，并未订立遗嘱。

2008年3月3日，曾××、方××（乙方）与PX一社、PX二社、PX三社（甲方）签订承包合同书（以下简称《荔枝园承包合同》），约定：(1)乙方承包甲方位于某山某塘的荔枝园，承包期自2008年3月3日至2038年3月3日，承包款项按照果树数量计算，承包单价为8元/棵/年，园内实际有果树共计875棵；(2)如土地被征收，875棵果树以及土地补偿归甲方，875棵果树以外的果树、作物及设施房舍、财产损失等补偿归乙方所有。2008年3月20日，曾××、方××（乙方）与PX四社（甲方）签订《荒坡地承包合同》，约定：承包期限自2008年3月至2038年3月，承包面积约3亩（内含8棵荔枝树），若承包期内发生征收，土地补偿归甲方，设施、建筑物以及种植物等地上附着物的补偿归乙方。

2013年11月8日，某市HP区下属某社会事务管理中心、PX一社、PX二社、PX三社、PX四社、PX联社以及某市某某服务公司就征收事宜

签订《征地补偿协议书》，征收PX一社、PX二社、PX三社、PX四社名下包括涉案土地在内的共计400.86亩土地，征地综合补偿款为12.3万元/亩，青苗奖励补偿为0.3万元/亩。曾××、方××所承包的PX一社、PX二社、PX三社的47.246亩土地以及PX四社1.927亩土地在征收范围之内。

因曾××、曾甲、曾乙不同意PX一社、PX二社、PX三社、PX四社的征收补偿分配方案，故而向某市HP区人民法院提起诉讼，要求PX一社、二社、三社向其支付青苗补偿款和奖励款共计约154万元及利息，PX四社支付青苗补偿款和奖励款共计约8万元及利息。

二、法律分析

（一）该案争议的内容属于民事诉讼的受理范围

根据最高人民法院《关于审理涉及农村土地承包案件适用法律问题的解释》第二十条第一款的规定，“承包地被依法征收，承包方请求发包方给付已经收到的地上附着物和青苗的补偿费的，应予支持”。该案双方争议在于青苗补偿款的分配，因此，该案属于民事诉讼的受理范围。

（二）该案《荔枝园承包合同》与《荒坡地承包合同》是否有效，人民法院应结合实际情况行使自由裁量权

曾××与方××并非PX一社、PX二社、PX三社、PX四社的集体组织成员，根据《农村土地承包法》的规定，荔枝园和荒坡地发包给曾××与方××应当经民主议定程序，并报乡（镇）人民政府批准。虽然根据最高人民法院《关于审理农业承包合同纠纷案件若干问题的规定（试行）》(2008年12月24日废止）第二十五条的规定，“人民法院在审理依本规定第二条所起诉的案件中，对发包方违背集体经济组织成员大会或者成员代表大会决议，越权发包的，应当认定该承包合同为无效合同，并根据当事人的过错，确定其应承担的相应责任。属本条前款规定的情形，自承包合同签订之日起超过一年，或者虽未超过一年，但承包人已实际做了大量的投入的，对原告方要求确认该承包合同无效或者要求终止该承包合同的，人民法院不予支持。但可根据实际情况，依照公平原则，对该承包合同的有关内容进行

适当调整”，而 2008 年 3 月 3 日，曾 × ×、方 × × 与 PX 一社、PX 二社、PX 三社签订的《荔枝园承包合同》、2008 年 3 月 20 日与 PX 四社签订的《荒坡地承包合同》未经民主程序表决，且在最高人民法院《关于审理农业承包合同纠纷案件若干问题的规定（试行）》废止时，《荔枝园承包合同》《荒坡地承包合同》的签订并未满一年，但是就曾 × ×、方 × × 是否“实际做了大量投入”的案件事实进而对合同效力的认定上，法院应结合实际情况行使自由裁量权。

（三）青苗补偿款的归属应根据双方《荔枝园承包合同》《荒坡地承包合同》的清算条款及双方真实意愿确定

《荔枝园承包合同》约定 875 棵果树以外的果树的青苗补偿款及附属物补偿款归曾 × × 及方 × ×，该约定属于清算条款，也是双方订立合同时的真实意思表示。曾 × ×、曾甲、曾乙主张涉案的 PX 一社、PX 二社、PX 三社土地上的青苗补偿款的 80% 归其所有，则应举证证明涉案土地上其种植果树数量与原属于三经济社所有的 875 棵果树之间的比例为 4∶1，而曾 × ×、曾甲、曾乙未能提供证据予以证实前述待证事实，因此，曾 × ×、曾甲、曾乙应承担举证不能的法律后果。根据《荒坡地承包合同》约定，土地上设施、建筑物及种植物的补偿归曾 × ×、曾甲、曾乙所有，同理，该部分的补偿依法归曾 × ×、曾甲、曾乙所有。

（四）青苗奖励款的归属

根据征地补偿协议的约定，青苗奖励款属于对青苗所有人的补偿。如上所述，涉案土地的青苗属 PX 一社、PX 二社、PX 三社、PX 四社所有，曾 × ×、曾甲、曾乙未能举证证实其在涉案土地上有额外种植的青苗，故曾 × ×、曾甲、曾乙无权取得青苗补偿款。

三、处理过程

在接到第一至第四经济社社长就该案的法律咨询后，律师查看了该案的相关合同并前往案涉地块了解情况。该案所签订合同的补偿约定，以及案涉地块原种植果树已被承包者破坏并新种植其他作物，这两点对经济合作社而言都是极为不利的。各经济社社委表示，最大程度只能把青苗补偿款的20%分批给承包者，但至今跟承包者无法达成一致方案。

调解无果后，通过充分论证分析，律师为PX一社、PX二社、PX三社、PX四社、PX联社制定了完善的维护集体利益的方案，并在诉讼过程中，通过实地拍摄取证，向法院申请律师调查令等方式调取对村社有利证据，最终让法院确认该案承包者系承包果树，而非承包土地。法院进一步结合我国《物权法》及案涉地块所属区域征地指引的规定，并运用举证规则，按“承包果树”方式的标准，即可获得的补偿为最高额青苗补偿款的20%判予承包者，并且还驳回了承包者关于青苗奖励款的诉讼请求。

该案自2018年5月9日承包者起诉立案，经某市HP区人民法院一审判决、某市中级人民法院二审维持原判、某省高级人民法院驳回承包者再审申请，最终结果为PX村四个经济合作社避免了一百多万元的经济损失，最大程度维护了集体及村民的合法权益。

四、处理结果

人民法院的生效判决判令：PX一社、PX二社、PX三社共同支付原告曾××、曾甲、曾乙青苗补偿款348,675.48元；PX四社支付原告曾××、曾甲、曾乙青苗补偿款71,106.3元及利息（以56,885.04元为本金，按年利率6%自2016年4月20日起计算至实际清偿之日止）。

五、案例点评

法律规定将农村土地发包给本集体经济组织以外的单位或者个人承包应经民主议定程序，系为保障全体集体经济组织成员的知情权，保护其合法权益免受侵害。在法律规定的情况下，作为合同当事人应当严格遵守，不得例外。案涉《荔枝园承包合同》《荒坡地承包合同》没有进行民主议定程序的法定要件，曾××等人也未尽到审查的义务，双方均有过错。但即使合同认定无效，青苗所有权的归属与涉案合同效力并不必然具有法律上的因果关系。青苗与土地为不同的物，可以分属不同的所有权人，土地承包合同的合同效力直接涉及土地所用权或使用权的归属，并不当然涉及土地上青苗的归属。青苗是法律上独立的物，而不是土地的添附或从物，青苗所有权应归实际投入者所有，即使合同无效，合同中关于875棵果树所有权的条款属于清算条款，仍可适用。

在城市更新过程中，不可避免会发生大量涉及征地拆迁、土地承包等方面的法律纠纷，此类纠纷往往夹杂历史遗留问题，各类关系也比较复杂。处理此类纠纷，应最大限度运用调解机制，尽量调解。如多方协调无果，也应在法律框架内解决，无论是起诉还是应诉一方，都应充分知悉相关法律，法规乃至征拆政策，并尊重历史及客观事实。作为村居法律顾问，处理此类纠纷，更应当充分了解案件来龙去脉并尽可能将客观事实向法庭还原，以取得更好的法律和社会效果。

过错与因果关系的认定

——农村建房意外致人死亡案中的相当因果关系判断

广东四隆律师事务所　冯进挺

农村建房大多存在违法建设（未依法取得建设规划许可证）及无资质建设（屋主委托个人包工包料或包工不包料的形式建设）两大问题。村民把村委“批准”（实质是登记、备案或转交材料）建房视为合法报建，并根据自身经验或习惯，找个人的“起屋师傅”、包工头建房。这种现象存在已久，虽有一定的历史和客观原因，但始终是于法不合。笔者以曾经代理的案件作为背景材料，结合司法实践，简析一般侵权案件中过错与因果关系的认定问题。

一、案情介绍

2014 年 8 月 31 日 17 时许，何某作为在建房屋屋主许某的女婿，在其下班之后，出于职业习惯去在建房屋看一下。何某在二楼平台察看过程中，为了避让一个倒水泥的工人，出于本能反应不慎抓碰到房屋外的公用电线，而该处电线外绝缘体破损，裸露出了铜线，导致何某触电身亡。何某的法定继承人以生命权、健康权、身体权纠纷为由将番禺供电局、A 村委会作为被告诉之原审法院，要求赔偿损失。一审诉讼中，番禺供电局申请追加屋主许某为该案被告。

关于在建房屋的情况：镇人民政府经查核，镇建设部门及区查违办在办理村民建房信息系统中没有查询到许某位于镇某村在建房屋的审批资料。村委会所提供的《镇危房拆建申报备案表》及《集体土地建设用地使用证》

复印件等相关资料是村委会负责审核办理本村村民申请建房备案登记手续其中一个必要程序。因此，许某的在建房屋没有具备合法审批手续。

关于案发现场的环境情况：在建房屋的一楼楼顶是一个平台，周围没有围闭；从一楼楼梯上楼对出方向的对面房屋墙面从上到下有五条电线。对触电点的位置：许某陈述触电点是在从上数第三条电线上，从四原审原告事发后拍摄的相片显示，在该条电线上有裸露的铜线位置。A 村村主任陈述，他在事发后第二天到现场，看到第三条电线处有一处裸露铜线，后供电所派人进行维护，用胶布包好了铜线。其后，供电所对全村电线进行排查，排查结果是有几十处裸露铜线，供电所进行了维护。镇供电所安全员岑某陈述，以上五条电线是属于番禺供电局的资产，均为低压线。事发后供电所对第三根电线裸露的铜线进行维护，并用胶布包好。其后，为了排查安全隐患，供电所对全村属番禺区供电局资产的电线进行排查，对有裸露的铜线进行维护。番禺供电局陈述，镇供电所是番禺供电局下属分支机构，在镇范围内属番禺供电局的资产由镇供电所进行管理，岑某的陈述代表番禺供电局的意见。

另外，死者何某拥有二级建造师执业资格证书和安全生产考核合格证书。

一审判决：原告损失核定人民币 917,790.14 元，各方按照以下责任划分向死者家属承担赔偿责任：

供电局对其所属的公用电线未尽到管理和维护义务，是何某触电死亡的主要原因，供电局对该次事故造成的损失酌情应承担 70% 的赔偿责任；

村委会未经主管部门批准，同意许某修建涉案房屋，对事故的发生亦有过错，酌情应承担 20% 的赔偿责任；

死者何某作为建筑工程二级建造师，在修建房屋的过程中，未尽到合理安全注意义务，对事故的发生亦有过错，应自行承担 10% 的责任；

屋主许某经村委会同意修建房屋，对该次事故的发生不承担赔偿责任。

二、法律分析

该案是一般侵权案件，适用一般过错责任，归责的条件包括行为人的行为存在过错，且该行为与损害结果之间存在法律上的因果关系，过错与因果关系是承担侵权责任的必备要素。

过错：在民事领域，故意和过失统称为过错。故意，是指行为人已经预见到自己行为的损害后果，仍然积极地追求或者放任该后果的发生。过失，是指行为人因未尽合理的注意义务而未能预见损害后果，或是虽然预见到但认为可以轻易避免，并致损害后果发生。

法律上的因果关系是指损害结果和产生损害的原因之间的关联性，关于如何确定因果联系，学界主流观点为相当因果关系说。相当因果关系说认为，不要求行为与损害结果之间具有直接因果关系，只要行为人的行为对损害结果构成适当条件，行为人就应当负责。根据相当因果关系说，首先应判断结果发生之条件，是否为损害发生之不可欠缺的条件（条件关系之判断），亦即在认定确实具有事实上因果关系后，再判断相当因果关系存在与否（相当性之判断）。

具体到该案当中，责任方的过错比较清晰：供电局——疏于对裸露电线的维护；屋主许某——违法建设，建设过程中未与电线保持安全距离；死者何某——因自身的疏忽大意触碰电线。至于因果关系，造成何某触电身亡这一特定损害结果不可或缺的条件是电线外绝缘体破损、屋主许某的违法建设（表现之一在于建筑物与电线的安全距离不足）及何某自身的疏忽大意。这三个条件缺少其一，均不会导致何某触电死亡的这一特定结果。至于各个因素之间的作用力大小则有所不同，最终体现在各方责任主体的担责比例上。至于村委会的过错及因果关系的判断，村委会本身并无准许屋主许某建房的权限，故村委代许某向上级政府部门递交建房申请资料的行为，并不存在过错。因果关系上，村委会递交建房申请，甚至是“批准”建房申请，均不影响屋主许某违法建设的事实，也不是何某触电的必要条件之一，不会增加何某触电的风险（一审法院则是把因果关系无限扩大，而忽略了因果关系的相当性）。退一步而言，村委会是否存在违法审批行为，或者即使存在相应的违法审批行为，亦系其与审批行为相对人许某之间的另一法律关系，与何某的触电身亡的损害后果，不具有法律上的因果关系。因此，笔者认为一审判决 A 村村委会承担 20% 的赔偿责任和屋主许某不需要承担赔偿责任是不合理的，应当予以纠正。

三、处理过程

A 村村委在收到一审判决书后，把案件情况向律师简述，村居律师根据法律和客观事实跟村委分析案件的可能性。在得到村委的授权后，代理律师向一审法院申请阅卷，认真查阅和摘录庭审笔录，并与村委逐一核实有关事实、充分交换意见，依法向广州市中级人民法院提起上诉。

四、处理结果

广州市中级人民法院经过开庭审理，基本采纳我方的上诉观点和请求，即认为 A 村村委会在该次事故中不存在过错，无须承担赔偿责任。同时，屋主许某违法建设，是何某死亡的原因之一，需要承担赔偿责任。法院最终改判 A 村村委会无责，许某承担 20% 的赔偿责任，维持一审其他判项。自此，案件画上一个完满的句号。

五、案例点评

法律上的因果关系与生活经验上所指的因果关系有所不同，我们不能无限扩大法律上因果关系的界限。同时，在实际建设中，屋主在合法建设的情况下，可以通过加强对施工人员进行安全教育、要求佩戴安全护具及购买商业保险等方式，减少发生或转移安全事故的风险。

侵犯村民合法权益案件的救济途径

——黄某某诉广州市某区某镇某村第五经济合作社侵害集体经济组织成员权益纠纷

广东金领律师事务所　何汉初

在实务中，对涉及侵犯村民合法权益的案件，什么情况下该由法院管，什么情况下该由政府管？这个问题往往不容易弄清楚导致讼累。笔者通过对如下案例进行分析说明，希望能对这个问题的解决起到一些帮助。

一、案情介绍

广州市某区某镇某村民代表会议通过了《关于某某征地社保款分配拟定方案》《某镇某村某队社保分配方案》，并按照分配方案对社保款进行分配。黄某某认为，其作为该集体经济组织成员，理应全额分配征地社保款，村民代表会议通过的分配方案侵犯了其合法财产权利，遂将广州市某区某镇某村第五经济合作社诉至法院，要求分配征地社保款。

二、法律分析

根据《村民委员会组织法（2018 修正）》第二十七条、第三十六条的规定，对不同的情况下侵犯村民权利，处理方式是有很大差异的。

《村民委员会组织法（2018 修正）》第二十七条规定：村民会议可以制定和修改村民自治章程、村规民约，并报乡、民族乡、镇的人民政府备案。村民自治章程、村规民约以及村民会议或者村民代表会议的决定不得与《宪法》、法律、法规和国家的政策相抵触，不得有侵犯村民的人身权利、民主权利和合法财产权利的内容。村民自治章程、村规民约以及村民会议或者村民代表会议的决定违反前款规定的，由乡、民族乡、镇的人民政府责令改正。

《村民委员会组织法（2018 修正）》第三十六条规定：村民委员会或者村民委员会成员作出的决定侵害村民合法权益的，受侵害的村民可以申请人民法院予以撤销，责任人依法承担法律责任。

村民委员会不依照法律、法规的规定履行法定义务的，由乡、民族乡、镇的人民政府责令改正。

乡、民族乡、镇的人民政府干预依法属于村民自治范围事项的，由上一级人民政府责令改正。

《民法典》第二百六十五条规定：集体所有的财产受法律保护，禁止任何组织或者个人侵占、哄抢、私分、破坏。

农村集体经济组织、村民委员会或者其负责人作出的决定侵害集体成员合法权益的，受侵害的集体成员可以请求人民法院予以撤销。

对比上述规定可知：

1.《村民委员会组织法》第二十七条规定的其实是“集体决策行为侵犯个人权利”的情形，侵权行为主体是“村民会议或者村民代表会议”，处理方式是“由乡、民族乡、镇的人民政府责令改正”，即由人民政府先行处理。

2.《村民委员会组织法》第三十六条规定的却是“单位或个人行为侵犯个人权利”的情形，侵权行为主体是“村民委员会或者村民委员会成员”，处理方式是“可以申请人民法院予以撤销”，即循民事途径处理。

三、处理过程

一审法院认为，根据《村民委员会组织法》第二十七条的规定，该村民代表会议作出的分配方案是否损害原告合法财产权利问题应由人民政府处理，故该案纠纷不属于人民法院受理民事诉讼的范围。一审驳回原告的起诉。

原告黄某某对原审判决不服，提出上诉。上诉理由有以下几点。

1. 黄某某为该村村民，具有集体经济组织成员资格，应具备参与分配该案社保款的权利。根据《广东省农村集体经济组织管理规定》第十五条的规定，是否具有经济组织成员资格的判定标准为户口加义务原则。黄某某户籍自迁入后一直登记在被上诉人处未迁出，该集体经济组织亦未举证证实黄某某未履行村民义务，黄某某显然已具有集体经济组织成员的资格，不需要镇人民政府再予以确认，法院应当依法审理该案并作出判决。

2. 根据《村民委员会组织法》第三十六条规定，该村村民代表会议作出的分配方案已经严重侵犯了黄某某的合法权益，现黄某某直接选择通过诉讼方式解决问题，法院亦应当依法受理、审理并判决，而非以人民政府先行处理为由驳回上诉人的起诉。

3. 根据原《物权法》第五十九条、第六十三条[①]以及《村民委员会组织法》第二十七条的规定，村民代表会议可以对村民自治权利范围内的事务作出决定，但该决定不得与法律、法规和国家政策相抵触，也不得有侵害村民的人身权利、民主权利和合法财产权利的内容。该案属于村民集体经济组织成员权益受到侵害而引起的民事诉讼，属于侵权纠纷，属于法院受理范围。

4. 根据最高人民法院研究室《关于人民法院对农村集体经济所得收益分配纠纷是否受理问题的答复》的规定，农村集体经济组织与其成员之间因收益分配产生的纠纷，属平等民事主体之间的纠纷，故法院应当受理。

四、处理结果

二审法院认为，原告的主张实质是对分配方案提出异议。根据《村民委员会组织法》第二十七条的规定，村民会议可以制定和修改村民自治章程、村规民约，并报乡、民族乡、镇的人民政府备案。村民自治章程、村规民约以及村民会议或者村民代表会议的决定不得与《宪法》、法律、法规和国家的政策相抵触，不得有侵犯村民的人身权利、民主权利和合法财产权利的内容。村民自治章程、村规民约以及村民会议或者村民代表会议的决定违

---

① 在《民法典》中分别为第261条、第265条。

反前款规定的，由乡、民族乡、镇的人民政府责令改正。该村民代表会议作出的分配方案是否损害原告合法财产权利问题应由人民政府处理，故该案纠纷不属于人民法院受理民事诉讼的范围。原审驳回起诉并无不当。上诉人的上诉缺乏理据，法院不予支持。二审驳回上诉，维持原裁定。

五、案例点评

根据《村民委员会组织法》第五条第一款规定："乡、民族乡、镇的人民政府对村民委员会的工作给予指导、支持和帮助，但是不得干预依法属于村民自治范围内的事项。"我国农村村民实行自治，由村民依法办理自己的事情，村民会议或者经村民会议授权的村民代表会议可以对涉及村民利益包括村集体经济所得收益的使用、土地承包经营方案等事项作出决定，村民会议可以制定和修改村民自治章程、村规民约。但是，村民自治章程、村规民约以及村民会议或者村民代表会议的决定不得与《宪法》、法律、法规和国家的政策相抵触，不得有侵犯村民的人身权利、民主权利和合法财产权利的内容。

因此，涉及成员资格及享有相关权益的问题本质上属于农村集体经济组织的自治范畴。

结合上述案例分析，涉及侵犯村民合法权益的案件，实质是侵害村民的人身权利、民主权利和合法财产权利，要区分是"村民会议或者村民代表会议"作出的决定，还是"村民委员会或者村民委员会成员"的行为，据此选择适用《村民委员会组织法》第二十七条或第三十六条规定，合理确定是向人民政府提出申请要求处理还是向法院提起诉讼，减少讼累，节省司法资源。

次承租人是否有权就征地拆迁主张补偿款

——关于原告郭某与被告杜某一、杜某二及第三人某区某经济联社租赁合同纠纷案的分析

广东文领律师事务所　梁自强

一、案情介绍

原位于广州市荔湾区某街某股份合作经济联合社某小组东南段土地，属于该案第三人荔湾区某经济联合社集体土地，系一个约1.83亩的渔场（以下简称案涉场地）。2007年起，案外人叶某将案涉场地概括转让给该案原告郭某。

2009年，原告郭某与第三人签订终止合同协议将合同期间于2009年12月30日终止。同年11月20日，被告杜某一作为承租人与作为出租人的第三人荔湾区某经济联社签订租赁合同，约定将案涉场地租赁作养殖观赏鱼之用，租期自2009年11月20日至2017年12月底，并明确约定租赁年限期满，所有不动产（含鱼池、房屋、棚架、水电设备、地上附着物等）归出租人所有，承租人不得蓄意损坏，如有损坏，由乙方负责修复。同日，原告郭某即与被告杜某一签订协议书，约定：杜某一将案涉场地渔场及按金单转让给郭某，在合同期内郭某必须履行此合同的有关细则，如遇国家征收该土地或荔湾区某经济联合社发展建设需要，郭某必须无条件服从，按合同补偿细则补偿后，补偿款归郭某。

直至2017年10月27日，第三人荔湾区某联社（出租人，甲方）再与该案被告杜某一（承租人，乙方）就案涉场地签订《鱼塘租赁合同》，约定：甲方出租案涉场地给乙方使用，租赁期限自2018年1月1日至2022年

12 月 31 日，乙方未征得甲方书面同意，不得将该合同项下的承租物使用权转租，该合同规定的甲乙双方责任权利不因乙方转出而改变，租赁期内如遇国家征收征用该租赁物及其附着物的土地或某经济联合社发展需要收回该承租物业及附属物，甲方应提前三个月通知乙方，乙方必须无条件服从，并按时搬迁，该合同自动终止，甲乙双方互不承担违约责任。征收征用的补偿款承租户及设施补偿费等全部归甲方所有，甲方免收乙方自收到通知后三个月且不多于三个月的租金作为乙方的补偿，其他不做任何补偿。

自 2007 年 3 月开始，案涉场地一直由原告郭某使用。在杜某一与第三人某经济联合社签订租赁合同后，郭某按照前两者的租赁合同约定标准，向第三人交付租金及押金。

2019 年 7 月 25 日，广州市规划和自然资源局发布征地预公告，规划用于广州市轨道交通 10 号线工程，其中案涉场地在规划范围内。至此，作为案涉场地承租人的杜某一以自己的身份与相关拆迁单位签订了拆迁协议，领取了相应的补偿款。而作为实际使用人的原告郭某认为场地的相关补偿款应归属自己所有，由此向当地法院提出了诉讼主张返还补偿款及租金，并主张杜某二作为案涉租赁合同的实际负责人承担连带责任。

二、法律分析

根据该案的基本案情及双方提交的资料可初步确定该案的争议，归纳如下：

1. 原告郭某作为次承租人是否有法律依据或合同约定可向被告杜某一主张案涉场地的征用补偿款？

2. 若前述请求得予支持，补偿款的计算依据为何？

3. 杜某二作为案涉合同的实际履行人及补偿款的实际领取人，是否需要承担连带责任？

三、处理过程

针对该案的争议，律师认真审核了各方当事人提交的相关材料及提出的主张和意见，认为该案存在如下关键争议。

1. 案涉场地的补偿款的归属及领取依据。

首先根据各方提交的资料及提出的意见可知，该案是基于市政征用征收行政行为而衍生的一个民事主体之间就补偿款归属的纠纷争议。原被告之间为次承租关系，案涉场地的真正权属人为第三人，而案涉场地的补偿款，本质是第三人基于清退场地而予以场地上使用人的补偿利益。就案涉场地而言，被告杜某一作为案涉场地租赁合同的相对方，是基于租赁合同关系上的承租人，原告郭某则作为次承租人一直实际使用案涉场地并投资资金实际经营。该案争议的补偿款发放依据则是基于案涉场地的地上附着物及现场的设备设施估价得出的，无论是根据法律规定还是根据情理，补偿款的归属已明确。

2. 被告杜某二并非涉案争议租赁合同的一方当事人，租赁合同履行或案涉场地征收补偿事宜产生的纠纷或法律责任与其无关，其不应对此承担连带责任。该案案由为租赁合同纠纷，但从各方提交的证据资料来看，被告杜某二并没有与其他当事人签订过任何合同或协议，并非涉案争议租赁合同的一方当事人。

四、处理结果

法院经审查认为，第三人荔湾区某经济联合社与被告杜某一签订了案涉场地的租赁合同，于同日，被告杜某一又与原告郭某签订了协议书，约定将案涉场地转租，所以被告杜某一与原告郭某为土地转租合同关系。虽然案涉租赁合同中明确约定未经第三人书面同意不得转租，但合同履行 10 多年来，原告一直作为实际使用人，第三人并未提出任何异议，视为同意转租。

该案中原告主张依据与被告杜某一签订的协议书确定双方的权利义务，如遇国家征收土地补偿款归原告所有。根据《土地管理法实施条例》相关规定：案涉场地的地上附着物等相应补偿款归所有权人所有。该案中，杜某一作为承租人，并未对案涉场地有过实际经营或投入，因此原告郭某主张案涉场地所产生的补偿款应归其所有，理据充分。此外，基于转租关系，杜某一并应予以返还案涉场地租金及押金。

被告杜某二与杜某一仅为委托代理关系，原告郭某主张杜某二应承担连带责任的理据不充分，法院不予支持。

综上所述，法院判决被告杜某一向原告郭某返还征地偿款及案涉场地租金与押金，驳回其他诉讼请求。

五、案例点评

现在我们国家的社会经济发展越来越迅速了，关于房屋拆迁及土地征用而产生的问题纠纷逐渐增多。该系列纠纷的特点主要有以下几个方面：（1）涉及的法律关系比较复杂。就目前的法律规定而言，同一拆迁行为可能既有行政法律关系，又有民事法律关系。（2）拆迁征收行为主体往往游移不定。在现行的制度下，征用主管部门与实际征收单位并非同一主体，过程中行为主体不断变更，程序交叉往复。（3）原告为共同诉讼的案件居多，大范围的城市拆迁工作导致被拆迁的人数众多。（4）案件审判难度大，征收拆迁纠纷下往往关联不同的法律关系和利益纠纷，且房屋拆迁纠纷案件一部分原告为共同诉讼，处理不好，容易激化矛盾，影响社会稳定。

律师对处理该案的诉讼纠纷存在的问题和经验做法进行了分析研究，有几点思考如下。

农村土地征收、城市房屋拆迁、村股权分配、经济联社改制等社会热点问题引发的村群体性行政争议较为突出，有的直接由多人共同提起诉讼，有的虽然原告只有一人，但在原告身后，有着成千上万与原告有相同利益的支持者，一旦处置不当，极易造成巨大社会影响。

我国社会现在正处于转型期，矛盾多发、突发是这一时期的主要特征，任何国家在实现工业化的道路上都不能跨越这一阶段，近年来涉诉群体性事件的频发就是这一阶段在诉讼中的体现。随着农村经济社会改革发展的深入，农村出现了大量的涉房屋拆迁、土地征收等纠纷的案件，处理时需要兼顾法律又要使裁判结果符合“情、理、法”，避免当事人因裁判激化矛盾使工作更加艰难。

对村民会议表决事项的司法审查

——汤××等七人与两××经济社承包地征收补偿费用分配纠纷案

广东正平天成律师事务所　李超杰

一、案情介绍

汤××等七人均是原××村的村民，原××村后来分开成为两个经济社。大约在2009年，汤××等七人与××经济发展有限公司签订了《租用土地协议书》。该协议约定，汤××等七人将位于村内的某山地共计26.6亩出租给××经济发展有限公司种植苗圃，租用期限为15年。上述承租地如遇征收，青苗补偿等费用归出租人所有。原××村也出具了证明，证明该26.6亩山地属于汤××等七人的家庭承包地，同意其出租给××经济发展有限公司。

2013年左右，上述租赁土地被政府列入了征收范围，征收单位与上述两××经济社签订了《征地补偿协议书》，征收了上述土地。上述26.6亩土地的青苗补偿费和青苗奖励款共计约100万元。之后，征收单位将上述款项支付给了上述两××经济社。

汤××等七人认为，该26.6亩土地属于其家庭承包地，上述土地的青苗补偿费和青苗奖励款应归其所有。两××经济社则认为，上述青苗补偿费和青苗奖励款应归集体所有，由全体村民平均分配。2019年左右，汤××等七人向法院提起民事诉讼，请求法院判决两××经济社向其返还上述青苗补偿费和青苗奖励款共计约100万元。

二、法律分析

1. 该案案由为承包地征收补偿费用分配纠纷。在该案中，争议焦点主要有两方面：第一，该 26.6 亩山地是否属于汤××等七人的家庭承包地；第二，上述山地共计约 100 万元的青苗补偿费和青苗奖励款应当返还给汤××等七人还是应当归集体经济组织所有。

2. 根据最高人民法院《关于审理涉及农村土地承包纠纷案件适用法律问题的解释》① 第二十二条的规定，承包地被依法征收，承包方请求发包方给付已经收到的地上附着物和青苗的补偿费的，应予支持。承包方已将土地承包经营权以转包、出租等方式流转给第三人的，除当事人另有约定外，青苗补偿费归实际投入人所有，地上附着物补偿费归附着物所有人所有。

三、处理过程

2019 年左右，××区人民法院依法受理了该案件。在该案的庭审中，上述两××经济社对汤××等七人提交的《租用土地协议书》等证据无异议，并当庭确认了该 26.6 亩山地属于汤××等七人的家庭承包地。但该两××经济社认为，将上述山地的青苗补偿费和青苗奖励款在全体村民中平均分配是村内的惯例，以前村里的土地被征收时也是这样处理的。同时，该两××经济社还主张，该 26.6 亩山地的青苗补偿费和青苗奖励款的分配方案已经过全体村民召开会议进行表决，除该案的当事人汤××等七人外，其他村民一致同意并表决通过了上述款项由全体村民平均分配的方案。

一审法院认为：根据最高人民法院《关于审理涉及农村土地承包纠纷案件适用法律问题的解释》（2020 修正）第二十条的规定，承包地被依法征收，承包方请求发包方给付已经收到的地上附着物和青苗的补偿费的，应予支持。承包方已将土地承包经营权以转包、出租等方式流转给第三人的，除当事人另有约定外，青苗补偿费归实际投入人所有，地上附着物补偿费归附着物所有人所有。在该案中，两××经济社确认了该 26.6 亩山地属于汤××

① 该司法解释于 2020 年修正，第二十二条调整为第二十条。

等七人的家庭承包地，同时，汤××等七人与××经济发展有限公司签订的《租用土地协议书》合法有效，该协议书约定青苗补偿等费用归出租人所有且××经济发展有限公司对上述款项归汤××等七人所有也无异议，因现在上述款项已由征收单位支付至该两××经济社处，因此该两××经济社依法应将上述款项返还给汤××等七人。

后该两××经济社不服一审判决，向二审法院提起了上诉。二审法院以应追加××经济发展有限公司为该案当事人为由裁定发回重审。发回重审后又经过一审、二审，最终法院均判决该两××经济社依法应将上述款项返还给汤××等七人。

四、处理结果

两××经济社应依法将案涉的26.6亩山地的青苗补偿费和青苗奖励款共计约100万元返还给汤××等七人。目前该案判决书已经发生法律效力，且已经由人民法院强制执行完毕。

五、案例点评

1. 在土地征收中，因征收协议一般是由征收单位与村集体签订，因此，相关的土地征收补偿款也是由征收单位发放至村集体。《土地管理法实施条例（2014修订）》[①] 第二十六条第一款规定，土地补偿费归农村集体经济组织所有；地上附着物及青苗补偿费归地上附着物及青苗的所有者所有。根据我国法律及相关司法解释的规定，家庭承包地被征收，青苗补偿费应归承包方所有。承包地被依法征收，承包方请求发包方给付已经收到的地上附着物和青苗的补偿费的，应予支持。因此，汤××等七人有权要求村集体向其返还上述款项。

2. 承包方已将土地承包经营权以转包、出租等方式流转给第三人的，除当事人另有约定外，青苗补偿费归实际投入人所有，地上附着物补偿费归

---

① 该条例于2021年修订，原条文调整为第三十二条第二款“地上附着物和青苗等的补偿费用，归其所有权人所有”。

附着物所有人所有。

在该案中，上述土地被征收发生在××经济发展有限公司的租赁期内，××经济发展有限公司为实际投入人，青苗补偿费本应归实际投入人所有，但是，因××经济发展有限公司与汤××等七人在租赁合同中约定了案涉土地被征收时青苗补偿归出租人所有，因此，该案中案涉的青苗补偿费和青苗奖励款共计约100万元应归汤××等七人所有。

3. 在该案中，两××经济社企图以召开村民会议进行表决的所谓的“民主表决”的方式来决定该案案涉青苗补偿费的归属，但是，这样的表决结果是可想而知的，谁不想多分得一份钱？我国法律对土地征收中青苗补偿费的归属已经有了明确的规定，两××经济社通过组织所谓的“民主表决”来侵害汤××等七人的合法权益，是违法的，没有事实和法律依据，故人民法院不予采纳。

对出国旅居人员的集体经济组织成员权益如何保护

——段某诉某村经济合作社侵犯集体经济组织成员权益纠纷

广州金鹏律师事务所　李　强

一、案情介绍

段某于1961年8月15日出生，其户籍于2007年4月27日因出国注销，并于2012年1月16日自秘鲁迁入某村经济合作社所在地，户别为居民户口家庭户（2010年5月1日起统领居民户口），职业为农业劳动者，并享有某村经济合作社土地股10股。

2019年1月至2020年1月，经济合作社以土地股为依据，先后三次向社员发放征地补偿费用，包括土地补偿费、安置补助费、青苗和地上附着物补偿费、征地奖励等。经济合作社在向社员发放征地补偿费用过程中，拒绝向段某发放2019年至2020年的征地款，其理由是段某回国未超过半年。因此，段某将某村经济合作社诉至某人民政府。

二、法律分析

（一）段某是否属于某村经济合作社组织成员的问题

段某的户籍于2007年4月27日因出国注销，并于2012年1月16日因回国定居恢复户口。根据《广东省农村集体经济组织管理规定》第十五条第三款、第四款“实行以家庭承包经营为基础、统分结合的双层经营体制时起，户口迁入、迁出集体经济组织所在地的公民，按照组织章程规定，经社委会或者理事会审查和成员大会表决确定其成员资格；法律、法规、规章和县级以上人民政府另有规定的，从其规定。农村集体经济组织成员户口注销的，其成员资格随之取消；法律、法规、规章和组织章程另有规定的，从其规定”及《广州市白云区人和镇某经济联合社暨下属经济合作社章程》第十条第二项“户籍迁至本社所在地，且一直保留在本社所在地，且一直保留在本社的以下人员，通过成员大会表决取得本社表决成员身份；5. 法律、法规、政策没有明确规定具有本社成员身份，但经本社成员大会或成员代表大会审议同意并履行了加入手续的其他人员”之规定，段某在迁入经济合作社所在地后，经济合作社在开展股改工作的过程中已将段某列为成员并进行公示，经济合作社的其他成员未在公示期间就段某的成员身份提出异议。因此，段某拥有某村经济合作社成员的资格。

（二）段某是否具备征地补偿款的分配权

征地补偿费用在性质上是对农村集体土地所有权的补偿，征地补偿费用归农村集体经济组织所有，只要具有该集体经济组织成员资格，即享有与该集体经济组织其他成员平等分配征地补偿费用的权利。

根据征地款发放时仍有效的最高人民法院《关于审理涉及农村土地承包纠纷案件适用法律问题的解释》第二十二条规定，农村集体经济组织或者村民委员会、村民小组，可以按照法律规定的民主议定程序，决定在本集体经济组织内部分配已经收到的土地补偿费。征地补偿安置方案确定时已经具有本集体经济组织成员资格的人，请求支付相应份额的，应予支持。土地征收补偿款是对农村集体所有的集体土地所有权消灭的补偿，其受益主体是该集体经济组织内部所有具有成员资格的人，在集体土地所有权的制度下，农村集体经济组织成员平等享有集体土地的所有权利，且该村章程未明确规定户籍注销后迁入经济合作社所在地的人员是否享有成员资格，根据经济合作社的惯例，股改前本社成员户籍曾注销并重新迁入社区的，迁入后恢复其成员身份。因此，段某享有征地补偿款的分配权。

三、处理过程

针对段某的情况，律师查阅了该村的章程规定，发现该章程对回国不满半年社员的分红权利有特殊分配，但该规定是对日常年终股份分红的特殊规定，适用于经济合作社的日常年终股份分红，并不适用于该次征地补偿费用的分配。同时，章程将具有集体经济组织成员资格的出国旅居人员、留学人员、出嫁女等人员置于与其他成员不平等的地位，剥夺其享受分红的平等权利，违反公平、合理原则，关于该部分规定的效力问题尚待商榷。再者，章程的特殊规定仅限于分红权利，并未对其配股权利另行约定。因此，经济合作社以该村章程的特殊规定拒绝向段某分配征地补偿费用，缺乏法律依据和事实依据。

经查明，段某的户口虽然曾经被注销，但后来亦重新入户，且当时重新入户是经过村委会出具证明同意的，即使曾经丧失合作社的集体经济组织成员资格，后来又重新获得了集体经济组织成员资格，也得到了合作社的认可。在征地补偿分配之前，段某户口早已重新登记回合作社，合作社还向段某核发村民委员会选举参选证，并将段某纳入合作社成员名册同时配置股权。

四、处理结果

律师协助段某向相关政府部门提交了行政处理申请书、居民户口簿、身份证、村民委员会选举参选证、该村经济合作社成员名册、该村相关章程、《土地补偿预分配公告》、分配表，并做了行政处理调查笔录，最终确认了段某具有某村经济合作社的集体经济组织成员资格，有分配征地补偿款的合法权益，且责令某村经济合作社向段某支付2018年至2020年的征地补偿款以及征地奖励补偿款。

五、案例点评

由于土地补偿费用只能在本集体经济组织成员内部分配，因此，农村集体经济组织成员资格的确定，是解决土地补偿费分配纠纷的基本前提。基于集体经济组织成员资格而分配的土地补偿费应当均等，只要具备集体经济组织成员资格，就具备土地补偿费分配权。在集体分配的情况下，不能另行以权利、义务不对等，或根据效力存疑的集体内部文件规定作出不利于当事人的扩大解释而对集体经济组织成员差别对待，造成不公。因此，要明确权利产生的基础是基于身份资格还是特殊约定，不能混为一谈。对身份资格产生的权利，重点在于确认集体组织成员的身份。而对于特殊约定而言，该约定适用的范围、对象是否明确，是否合法有效，也需作出明确的判定，否则，笔者以为应当从有利于当事人的角度出发。

厘清村集体经济组织成员权利基础，公平合理、合法制定明确的约束性文件，才能公平公正保障本集体经济组织成员的合法权益。

农村土地出租交付的判断标准及责任认定

——一起因场地“交付”与“接收”引起的租赁合同纠纷

广东纬国律师事务所　梁映妍

农村土地出租涉及合同权利义务的约定、场地交付、租金收取、场地收回等方方面面，其中任何一个环节没有妥善处理，均有可能引起法律纠纷。上一手承租人逾期交还场地，出租人已经完成招投标手续，签署新的租赁合同，需要在合同约定时间交付场地给新的承租方，在此情况下，出租人应该采取何种措施，以保障自身利益，避免财产流失呢？

一、案件介绍

A 村有一块土地，面积约 6000m^2，在原租赁期限结束前，已经按照政府交易管理中心的规定，完成该土地的招投标工作，由新的承租人承租该土地，双方于 2019 年 10 月签署租赁合同，约定原合同租赁期间届满后第二日（2020 年 1 月 1 日）开始计算租赁期限、租金等，新的承租人同步缴纳了保证金、2020 年 1 月租金。

原承租人出于搬迁等原因，无法按照合同约定按时搬离，经 A 村多次催促，迟延了 13 天搬离现场。由于原承租人的过错，A 村无法按照合同约定，按时交付土地给新的承租人。A 村也收取了原承租人场地占用费。

收回土地后，A 村电话通知新的承租人接受场地，但承租人却一直没有接收。随后，A 村通过书面方式通知承租人，但承租人仍没有回应。

2020 年新冠疫情暴发，政府允许复工后，A 村再次发函通知承租人接受场地，承租人于3月23日委托律师发函如下：从1月13日开始，A村在场地外贴了封条，锁了门，至今未交付给承租人使用，要求A村尽快办理场地交接手续。

A村对其律师函所述内容一一给予书面回复。

经协调，双方同意在2020年4月1日办理场地交接手续，合同继续履行，但双方对2020年4月1日之前的租金无法协调，双方各执一词。A村最终向法院起诉从2020年2月1日至2020年3月31日的租金以及相应的违约金。

二、法律分析

（一）出租人在该土地的地上附着物上贴了封条、上锁，其是否有权向承租人收取租金？

根据《合同法》第八条第一款规定，“依法成立的合同，对当事人具有法律约束力。当事人应当按照约定履行自己的义务，不得擅自变更或者解除合同”。A村与承租人已经签署合同，承租人有义务按照合同约定支付租金。A村在承租人没有正式接收场地前，有义务管理场地。

（二）租赁合同是否有效，出租方能够收取违约金？

根据《合同法》第四十四条第一款规定，“依法成立的合同，自成立时生效”。双方签署租赁合同并约定逾期支付租金的违约责任，承租人没有按照合同约定支付租金，已经构成违约，有权按照法律规定追究其违约责任。

三、处理过程

笔者对案件进行分析后，向A村收集相关证据，包括租赁合同、A村1月15日通知承租人接收场地的通知、邮寄送达签收凭证、对承租人律师函的回复及邮寄送达签收凭证等，依法向人民法院提起诉讼，并提出以下诉讼请求：（1）追讨拖欠的2月、3月租金；（2）支付拖欠租金产生的违约金。

承租人将现场贴封条、上锁等现场照片作为证据，以此证明土地仍然在A村控制下，其没有使用，A村也没有按照合同约定的时间交付场地给承租人，不应当支付租金。

在一审庭审中，法院归纳案件争议焦点为“承租人是否应当支付 2 月、3 月租金”。法院认为，双方在租赁合同中已经约定从 2020 年 1 月 1 日起计算租金，A 村有义务于该日前交付场地给承租人，结合庭审情况，确认 2020 年 1 月初仍有上一手租户未清退的情形，故 A 村应就涉诉场地何时符合交付条件承担举证责任。A 村提供交付场地的书面通知、已签收的投递情况等，可视为 A 村已经在此时告知承租人涉诉场地符合交付条件，并要求承租人及时接收场地。

此后 A 村虽对涉诉场地采取上锁的方式进行控制，但其主要系履行出租人管理义务，符合交易习惯，法院予以确认。

承租人明知涉诉场地在 2020 年 1 月已经具备交付条件，仍怠于接收场地，故法院判决承租人支付 2020 年 2 月、3 月租金，并按照同期全国银行间同业拆借中心公布的贷款市场报价利率的 4 倍计算应付款利息。

一审判决后，承租人不服，依法提起上诉。

中级人民法院经审理查明的事实与一审查明事实一致，二审主要争议焦点：一是 A 村是否已尽催告及通知义务；二是 2020 年 2 月、3 月涉案场地是否满足实质性的交付条件。

关于 A 村是否妥尽催告及通知义务的问题，三份通知函的内容已经包括涉案场地具备交付条件、催促承租人尽快联系接受场地等信息，A 村已经妥尽出租方的通知责任，要求 A 村在双方毫无沟通基础的情况下主动递交钥匙，似是对 A 村的苛求，且从承租人 3 月 23 日发送律师函要求行权，3 月 31 日即完成涉案场钥匙的交付手续上看，A 村并未实际采取阻挠涉案场地钥匙交付的手段，承租人可以自助获取钥匙，因此，A 村已妥尽催告及通知义务。

关于场地是否满足实际性的交付条件，承租人上诉理由有二：其一，涉案场地至 2020 年 3 月 20 日仍未与前手租户解除租赁关系，其认为涉案场地至 2020 年 3 月仍存有前任租户的物品；其二，涉案场地贴有封条，阻碍场地的实质性交付。对第一点理由，法院认为，租赁合同的缔约双方均应维系涉案合同的正常履行。从现有证据看，涉案场地的上任租户何时搬迁已不可考，但 A 村确认于 2020 年 1 月向承租人发函，完成了对涉案场地的催收义务。反之承租人至 2020 年 3 月方对涉案场地进行勘查与投函工作，结合一审、二审庭询，承租人自认不知前任租户何时搬走，亦不知是否实际存有物品，故承租人关于 2020 年 2 至 3 月涉案场地的前续租赁关系仍未解除的观点系出于主观推测，法院不予采信。对第二点理由，双方提交的证据显示，A 村仅对涉案场地上 $252m^2$ 建筑物采取围蔽或粘贴封条手段，涉案整体土地面积为 $6000m^2$，故从封禁手段与封禁面积来看，不影响整体场地的正常使用。如承租人认为上述围蔽、封禁手段影响了场地的正常使用，完全可以在 2020 年 1 月妥收通知函后凭函件与 A 村沟通，提出正当行权要求，故法院认为 2020 年 2 月、3 月涉案场地已满足实质性的交付条件，故驳回上诉人的上诉请求。

四、处理结果

一审法院、二审法院均支持了 A 村追讨 2020 年 2 月、3 月租金的诉讼请求，同时，A 村自认代收取上任租户 2020 年 1 月 1 日至 10 日的租金，该款项在 A 村留存至今，用于补偿承租人的损失。现双方仍维持租赁关系，合作基础尚存，为避免后续纷争，法院敦促双方当事人遵守诚实守信原则，共同维护案涉租赁合同的正常运作。

五、案例点评

在物业租赁合同中，场地收回、交付、接收几乎为必经程序，法律赋予各方当事人的权利与义务，各方均应积极履行与遵守。如 A 村在上任租户逾期交还场地的情况下，妥善处理场地占用事宜，收回场地后及时通知承租人接受，并保留相关证据凭证，确认自身通知义务已经履行完毕。反之，承租人接到 A 村通知后，一直怠于履行接受义务，从而导致自身经济损失更大。通过分享此案，希望让大家积极行使法律赋予自身的权利，“法律不保护在权利上睡觉的人”。

对征收补偿协议的签约主体有异议，如何寻求合适救济途径

——关于原告麦1、麦2、麦3、麦4、麦5与被告麦6、秦某、××房地产开发公司等民事主体间房屋拆迁补偿合同纠纷案的分析

广东文领律师事务所　梁自强

一、案情介绍

位于广州市黄埔区××村××街××号的一处房屋（以下简称案涉房屋）【该房屋根据查册资料显示登记信息为：不动产权证号：穗集体证字第××号，权利类型：宅基地使用权/房屋所有权，面积：278.063平方米，登记时间：2004年12月23日，总层数4-1/2，宗地面积：56.5715，共有方式：单独所有】登记在该案原告麦1的名下。该案的各方当事人关系：麦1系麦2、麦3及麦4的父亲，系麦5、麦6的爷爷，秦某系麦6的母亲，麦5系麦6同父异母的妹妹。

事情缘由：

麦1与案外人黄某系夫妻关系，共生育7名子女，2013年2月3日黄某去世，黄某的父母先于其去世。麦1的第四子（案外人）先后于1992年、1996年与秦某、案外人李某解除婚姻关系，与秦某、李某分别育有麦6（兄）及麦5（妹），麦1的第四子于2010年10月23日去世。案外人黄某及麦1的第四子生前并未立遗嘱或订立遗赠扶养协议。

案涉房屋登记于麦1名下，但相关用地和房子兴建的费用却是由秦某于

2002 年 6 月至 8 月全额支付的，其后秦某一直居住在案涉房屋，是案涉房屋的实际居住人及使用人。2015 年 8 月，麦 1 及其另外 6 名子女于广州市 × × 公证处办理放弃继承权公证，针对案涉房屋依法属于案外人黄某的二分之一份额放弃继承权。

2021 年，案涉房屋被纳入城中村改造范围内，并引入 × × 房地产公司作为改造的主体。2021 年 6 月 5 日，秦某作为房屋实际居住人以被拆迁人名义和 × × 房地产公司签订征收补偿协议。故此，该案的其他方当事人认为自己对涉案房屋具备份额权属，而被告麦 6、秦某签订拆迁补偿协议的行为，对其权益造成侵害，故以此民事主体间房屋拆迁补偿合同纠纷为案由提起民事诉讼。

二、法律分析

（一）如何认定案涉房屋的权属？

无论当事人对在他人宅基地上修建房屋的所有权有无约定，该房屋均应遵循物权法定原则归宅基地证登记的权利人所有（集体成员内部的转让除外）。从我国目前的土地政策以及基本的法律原则体现出的法律精神可以看出，宅基地权利人无法在现行法律状态下随意处分自己的宅基地使用权，当然包括允许他人出资在其宅基地上修建房屋后与出资人实现共用甚至分割房屋的情形。但该案并无任何房屋权属分割协议，故根据现有资料，宅基地上修建房屋其权利人系登记权利人而并非出资修建当事人。

（二）征收补偿协议的“被拆迁人”如何界定？

被拆迁人是指被拆除房屋及其附属物的所有人和被拆除房屋及其附属物的使用人。被拆迁人可以是对房屋享有所有权的人，即所有人；也可以是对房屋享有合法使用权的人，即使用人；还可以是对房屋享有共有权的人，即共有权人。从被拆迁人取得房屋的使用权的方式来看，一般包括三种：一是以租赁的方式取得使用权；二是通过国家的划拨方式取得使用权；三是通过其他合法方式取得使用权。基于此，该案的案涉房屋长期居住使用人，具备成为被拆迁人的资格。

三、处理过程

针对麦1、麦2、麦3、麦4、麦5等人就秦某作为房屋实际居住人以被拆迁人名义和××房地产公司签订征收补偿协议存在异议这一问题，律师认真审核了纠纷各方当事人提交的相关材料，认为该案的关键争议焦点如下。

1. 案涉房屋属于麦1和黄某的夫妻共同财产，那么该案争议房屋属于黄某的1/2份额，除麦5外，其他原告经已通过书面形式明确放弃继承权并经过公证，所以，案涉房屋属于黄某的1/2份额的部分，除麦5外其他答辩人均不是适格的原告，无权提起该案诉讼。

2. 旧村庄更新改造项目系基于区人民政府规划政策要求，以及依据广东省高级人民法院2017年7月24日发布的《关于明确土地、房屋征收征用补偿协议纠纷案件作为行政案件处理的通知》第四条的规定：被拆迁人就土地、房屋征收征用安置补偿事项提起民事诉讼的，法院应当向当事人释明，将土地、房屋征收征用部门列为共同被告，以行政诉讼起诉。坚持以民事诉讼起诉的，裁定不予受理。若以此为审判处理的法律大前提，该案纠纷争议实则为行政诉讼案件，并非民事案件。

四、处理结果

法院经审查认为，原告认为《广州市黄埔区×××补偿方案》中所征收的涉案房屋被拆迁人为原告，应由原告等相关主体享有拆迁安置的权益，其上述主张实质上是对征收补偿协议的签约主体有异议，属于土地房屋征收部门与土地房屋使用权人之间就征收补偿的行政行为所发生的争议，是土地房屋征收补偿协议纠纷，属于行政诉讼的受案范围，应向有关行政机关申请解决或提起行政诉讼。由此. 原告要求确认广州市黄埔区×××号宅基地房屋的旧村改造安置补偿的权利与义务由原告麦1、麦2、麦3、麦4、麦5，第三人麦7、麦8、麦9，以及被告麦6、秦某共同享有和负担的请求，不属于人民法院民事诉讼的受理范围，最后法院支持了律师的观点，驳回了原告的诉讼请求。

五、案例点评

随着社会发展，旧村庄更新改造的步伐不断加快，关于房屋拆迁而产生的问题纠纷逐渐增多。房屋拆迁纠纷的特点主要有以下几个方面：（1）涉及的法律关系比较复杂。就目前的法律规定而言，同一拆迁行为可能既有行政法律关系，又有民事法律关系。（2）原告为共同诉讼的案件居多，由于大范围的城市拆迁工作，被拆迁的人数众多。（3）案件审判难度大，房屋拆迁纠纷案件一部分原告为共同诉讼，处理不好，容易激化矛盾，引起当事人上访、闹事等暴力事件的出现，影响社会稳定。

律师对处理该案的诉讼纠纷存在的问题和经验做法进行了分析研究，有以下思考和浅见。

1. 若从法律层面研讨该案，按照《土地管理法》规定，国家基于社会公共利益的需要，对土地予以征收或征用，并给予相应的补偿，例如由人民政府组织实施的关于能源、交通等相关基础设施的用地需要，涉文化、医疗、卫生等公共事业的用地需要，扶贫安居工程的建设用地需要等。在法律实务中，有部分法律专家学者认为："三旧改造"是村集体经济组织将自有的土地使用权升级改造、土地增值的一种行为，其最终实施主体是村集体经济组织，其最终目的是盘活村集体土地。城中村更新改造政策下的拆迁安置，并不能单纯认定为行政行为或民事行为，要综合情况分析。不仅如此，广东省高级人民法院于2021年12月7日发布《关于明确"三旧"改造房屋拆迁补偿有关纠纷受理问题的通知》，在第二条中明确：因村集体经济组织或其他市场改造主体与房屋权利人签订的房屋拆迁补偿协议所引发的纠纷，属于最高人民法院《关于印发修改后的〈民事案件案由规定〉的通知》（法〔2020〕347号）中规定的"民事主体间房屋拆迁补偿合同纠纷"，作为民事案件受理。该份省高院文件系在该案裁判后出台，若以此为该案的审理大前提，该案的处理结果将完全不同。

2. 随着社会的快速发展，农村土地征收、城市房屋拆迁、经济联社改制等社会热点问题引发的村群体性行政争议较为突出，有的直接由多人共同提起诉讼，有的虽然原告只有一人，但在原告身后，有着成千上万与原告有利益关联的支持者，一旦处置不当，极易造成巨大社会影响。随着旧改的不断深入，农村出现了大量的涉房屋拆迁、土地征收等纠纷的案件，处理时需要兼顾法律又要使裁判结果符合情与理，避免当事人因裁判激化矛盾。

集体土地资产的历史遗留问题如何处理

——G村历史出租土地、借款事项的案例分析

广东诚挚（广州）律师事务所　潘美婷

2020年年初，广州市某区G村村委会在工作中发现该村多年前签订的租赁合同、承包合同及借款合同等存在历史遗留问题，经征询有关部门意见后，村委会决定进行整改，并由村居法律顾问予以协助处理相关法律事务。

一、案情介绍

G村因经济发展需要，在20世纪90代至2000年初期，以村集体名义向在村中从事工商业经营的个人及企业借款，拆借款项用于农业及村内企业经营。2007年又陆续将属于村集体及各生产队的土地出租给企业用于工业用途，作厂房之用。由于部分土地性质为农用地，该部分土地农用地转工业用地手续未得到有关部门批准，承租人此后未再投入建设厂房，也未履行缴交租金义务，所涉土地逐渐丢荒，该问题直至多年后仍未得到妥善解决，演变成历史遗留问题，处理难度极大。具体情况如下。

（一）土地出租案件

1. 2007年，G村经济合作社分别与G村几个生产队签订出租地合同，约定租期20～40年，总承租面积约220亩，租金为5000—6000元/亩，租地用途是作厂房之用。

2. 2007年，G村经济合作社分别与B公司（正在进行清算）、F公司

（已于2015年7月17日注销）、卢某某、冯某某、何某某、何某、郭某1、郭某2、陈某某、郭某3等人（公司）签订租地（承包）合同，约定租期20～40年，总承租面积约202亩，租金为8300—11,025元/亩，租地用途是作厂房之用。

（二）历史拆借款案件

1997年至2001年，G村经济合作社出借约245万元给梁某某、梁某1、梁某2、伍某某、高沙某厂、B公司，借款期限为一年，借款用途主要为耕种或经营厂房，利率按农信社贷款利率计算，抵押物多为耕种或厂房设备，其中吴某某为借款人梁某某借款提供了担保。

二、法律分析

（一）土地出租案件

1. 租地（承包）合同效力

根据村委会提供的资料，租地（承包）合同所涉土地性质是农用地，而双方签订的租地（承包）合同明确约定租赁案涉土地是作厂房之用。根据《土地管理法》（2004年修正）第四十三条第一款“任何单位和个人进行建设，需要使用土地的，必须依法申请使用国有土地；但是，兴办乡镇企业和村民建设住宅经依法批准使用本集体经济组织农民集体所有的土地的，或者乡（镇）村公共设施和公益事业建设经依法批准使用农民集体所有的土地的除外”、第六十三条“农民集体所有的土地的使用权不得出让、转让或者出租用于非农业建设；但是，符合土地利用总体规划并依法取得建设用地的企业，因破产、兼并等情形致使土地使用权依法发生转移的除外”的规定，通过租赁方式合法取得农民集体所有的土地用于非农业建设仅限于“符合土地利用总体规划并依法取得建设用地的企业，因破产、兼并等情形致使土地使用权依法发生转移的除外”的情况，上述租地（承包）事项并不具备上述条件，租地（承包）合同的内容明显违反了上述法律规定。因此，依据原《合同法》第五十二条第五项“有下列情形之一的，合同无效：（五）违反法律、行政法规的强制性规定”，租地（承包）合同有可能被法院认定为无效。至于合同无效后的处理，应当依照《合同法》第五十八条规定“合同无效或者被撤销后，因该合同取得的财产，应当予以返还；不能返还或者没有必要返还的，应当折价补偿。有过错的一方应当赔偿对方因此所受到的损失，双方都有过错的，应当各自承担相应的责任”。

2. 历史未收租金追讨问题

（1）根据村委会的陈述，上述承租人建设的厂房在2007年被强制拆除，此后承租人未能使用、也未实际使用涉案土地，租地（承包）合同目的不能实现。而承租人建设厂房、地基仍然存在，并未恢复土地原状。如村委会提出要求承租人支付自2007年至今的租金或土地占用费，法院可能根据承租人并未实际使用土地的事实及签订租地（承包）合同的目的，对村委会要求支付租金的诉讼请求不予支持。即使法院支持村委会支付租金的诉讼请求，部分时段的租金也可能因承租人提出诉讼时效抗辩而不获法院支持。关于土地占用费，一般参考同地段租金标准计算，但法院也会依据双方的责任过错判定各自的责任承担比例。由于上述情况发生后村委会未及时收回土地，因此对村委会存在不利。

（2）根据村委会提供的资料，承租人B公司已发出债权人公告，公告期为2020年3月5日至4月19日。根据《公司法》第一百八十五条“清算组应当自成立之日起十日内通知债权人，并于六十日内在报纸上公告。债权人应当自接到通知书之日起三十日内，未接到通知书的自公告之日起四十五日内，向清算组申报其债权。债权人申报债权，应当说明债权的有关事项，并提供证明材料。清算组应当对债权进行登记。在申报债权期间，清算组不得对债权人进行清偿”的规定，村委会应在规定期限内向该司清算组提供合法债权文书或相关证明材料进行申报。

三、处理过程

（一）处理方案

1. 村委会提出的处理方案

先解除合同、收回土地，对欠缴租金暂不在该诉讼中一并要求承租人支付，或在后续的和解、调解中放弃要求历史欠缴租金的权利，因涉及集体资产处理的重大事项，村委会在作出该决定前必须经过合法程序进行集体表决，并向诉讼委代理托人书面确认暂缓或放弃追索历史欠缴租金，但该处理方案可能加大村委会的诉讼成本。

2. 村居法律顾问的处理建议

（1）如通过诉讼方式处理所涉的土地出租案件，村委会的诉讼成本及诉讼风险较大，建议审慎考虑。

（2）建议充分利用协商方式，双方通过协商、调解等非诉讼方式处理上述出租土地案件。村委会可开展初步谈判工作，分析挑选具备谈判基础及谈判可能性的承租人，以谈判方式确定收回土地、支付租金及赔偿事项，以书面形式固定谈判成果。

（3）对历史拆借款案件，建议先通过双方协商，由借款人重新签署欠条或债权债务确认书，或要求借款人在村委会出具的催款函上签字确认，都可视为借款人对原债务的重新确认，此时诉讼时效重新计算，村委会再行起诉。

四、处理结果

就上述土地出租及历史拆借款问题，村委会分阶段与承包人、借款人开展谈判工作，双方在该案尊重历史、尊重事实的基础上，就支付租金及返还土地问题在初步达成意向的情况下，约定减免承租人未实际使用土地时段的租金，要求承包人在限期内与村委会办理交接手续，草拟的协议书通过村内表决程序，双方签订并按约定履行。对部分未能达成一致的承租人，委托律师循诉讼途径解决。历史拆借款问题参考上述处理模式，对该村村民（经济社股东），在与其协商一致的情况下，扣留其每年的分红款抵偿借款。对承包人、借款人已去世或主体已不存在的，除在村委会公示、登报公告以外，部分有诉讼价值的案件已按照诉讼程序处理。上述案件部分已成功通过协商程序顺利收回部分土地及拆借款，有部分未能协商一致或承包人、借款人已去世或主体已不存在的，已起诉至人民法院，目前案件正在审理中。

五、案例点评

村委会在处理村集体资产时应依照相关法律规定开展，在资产招标发包、确定中标人、合同签订、合同履行等各个环节均要严谨，村居法律顾问在协助村委会处理有关合同事宜时要注意事前把关，并对合同的履行适当提出建议，如出现承租人欠租等违约事项，及时作出风险提示，敦促村委会及时履行催告义务，积极履行村集体资产管理者的义务。

集体经济组织成员资格纠纷案中集体组织的举证责任

——中某村村民股东权益纠纷的案例分析

广东诚挚（广州）律师事务所　潘美婷

一、案情介绍

林某父亲是中某村第三村民小组村民，林某父亲与林某母亲结婚后生育了林某兄弟三人，出生后均随父母入户在大岗镇中某村第三村民小组。林某父母在中某村仅有的一间宅基地房在2006年被征用，同时又由于其父母患有麻风病，所以林某及家人没有在中某村居住，后中某村第三村民小组以林某及家人不在中某村居住并工作为由拒绝发放相应股东收益分配款。经中某村村委会与第三村民小组、林某及家人多次分别调解，均未能调解达成一致。

2019年，林某兄弟三人，各自的妻子及子女合计9人向镇政府申请行政处理，要求确认其集体经济组织成员资格，并要求分配股东收益。中某村第三村民小组应诉答辩称林某等人属于挂靠户，不是该村民小组成员，他们也未履行股份固化章程规定的义务，没有上交公余粮、水利款、没有偿还银行贷款以及上交村的统筹款，没有参加过水利任务；申请人中有两人的入户时间在股份固化后，他们均不属于该村民小组成员。

林某等人提起行政处理申请后，中某村第三村民小组在2019年10月18日经股东大会表决同意取消林某等人股东资格，认为林某等人违反中某村股份固化章程及自治章程，从未履行任何义务和责任，没有上交公余粮、水利款、大队统筹款，没有还银行贷款等，无资格享受中某村第三村民小组的福利和田亩（责任田、自留地）。

中某村委会、中某村经济社提供《中某村经济合作社股份固化章程及村民自治章程》《中某村三队分配款统计表》《中某村第三村民小组股东名册》等证据，拟证明中某村委会、中某村经济社系依章程处理股份固化工作进行登记并发放股权证等事宜，及第三村民小组股东登记、分配款情况。该案经审理查明，中某村经济社在 2007 年进行村二级股份固化，配股截止时间为 2007 年 12 月 31 日 24 时。中某村经济社在 2008 年为林某等 9 人发放了股权证，该证载明股权份额为：中某村经济合作社股份 10 股，第三村民小组股份 10 股。

二、法律分析

（一）林某等人未履行村民义务、责任是否可享有股东的权利？

根据中某村股份固化章程第九条配股截止时间、第十二条股东资格的界定：股东资格系以村民的户籍、责任承包田、享受集体分配和履行村民义务等情况为依据进行；在配股截止时间前，属于本村农业户口。配股名单也经村集体公示，根据上述规定，如对登记拟确认股东资格人员有异议，应于公示当时提出异议。根据股份固化章程第七条“依本章程分发给个人的股份权证，是作为享受本村（组）集体经济收益和分配享有福利待遇的唯一有限凭证”的规定，村委会、村经济社向林某及其家人发放了股权证，村委会提供的第三村民小组股东名册载明林某等人的姓名、股份等内容，村委会出具的证明载明第三村民小组土地再次调整是人数（包含林某等人）和其取得固化股份等内容，通过以上事实一审判决认为足以认定村经济社第三村民小组已根据集体经济组织章程确认林某等人具有集体经济组织成员资格并给予其分配股份的事实。第三村民小组主张林某等人未履行村民义务、责任，但该案第三村民小组并无充分证据显示其违反法律、法规和组织章程所规定的社员义务，根据证据规则，其应承担举证不能的法律后果。

（二）中某村第三村民小组通过股东大会表决方式取消林某等人的股东资格，是否合法？

广州铁路运输法院判决认定，该案在村经济社实际已为林某等人配股的情况下，第三村民小组通过股东大会表决方式取消林某等人的股东资格，该决议排除了林某等人根据股份固化章程所应享有股东资格的平等权利，违反了《广东省农村集体经济组织管理规定》第十五条第一款、第二款“原人民公社、生产大队、生产队的成员，户口保留在农村集体经济组织所在地，履行法律法规和组织章程规定义务的，属于农村集体经济组织的成员。实行以家庭承包经营为基础、统分结合的双层经营体制时起，集体经济组织成员所生的子女，户口在集体经济组织所在地，并履行法律法规和组织章程规定义务的，属于农村集体经济组织的成员”以及第十六条第二项“农村集体经济组织成员享有以下权利：（二）享有集体资产产权、获得集体资产和依法确定由集体使用的国家所有的资产的经营收益”的规定。该决议不能作为林某等人不能获得股东资格及相应权益的依据。

三、处理过程

村委会、村经济社获悉此事后，联系村法律顾问对第三村民小组户代表会议进行协调处理，但会议协调未果；村委会、村经济社也上报农办，并由镇司法所组织协调，但因第三村民小组社员态度坚决，反对配股给林某一家，最后也协调未果。林某一家共 9 人于 2019 年向镇政府申请行政处理，要求确认其集体经济组织成员资格，并要求分配股东收益。

四、处理结果

镇政府作出行政处理决定书支持林某等 9 人要求确认集体经济组织成员资格及享受同等待遇方面的请求，第三村民小组向林某等人支付股权收益分配款，村经济社对股东收益分配款承担垫付责任。

第三村民小组不服该决定，于 2021 年 7 月向广州铁路运输法院提起行政诉讼。案件经过审理，法院驳回第三村民小组撤销行政处理决定书等诉讼请求，第三村民小组不服一审判决，提起上诉，案件仍在审理中，根据该案已查明的事实情况，判决维持可能性较大。

五、案例点评

广东省各市在农村股份固化方面推行较早，广州市至今已有不少村集体经济组织完成了股份固化。但股份固化过程中或股份固化后村民、外嫁女与村集体、村民小组因股东权益问题的纠纷时有发生。因此，进行股权固化应严格依照村集体的股份固化章程及法定程序执行，在发生纠纷时村调解委员会、司法行政部门及时介入，对矛盾的调和有积极作用。

该案第三村民小组以林某等人未履行社员义务，未享有责任田承包等事由不同意为他们分配股东收益，但却并未保留充分证据予以证明，导致败诉。该案对尚未进行股份固化的村集体具有重要参考意义，村集体在进行股份固化前的调研、登记、公示工作必须到位，进行二级固化的，村民小组应核查拟登记的本小组队员（股东）情况，发现问题应在规定时间内提出异议，以保障本集体成员的利益。村居法律顾问在接到有关咨询提供处理意见时也应提示村委工作人员注意上述事项。

农转居人员要求确认集体经济组织成员资格该如何处理

——关于梁某等四人集体经济组织成员资格确认纠纷案

北京大成（广州）律师事务所　嵩　朕

一、案情介绍

1992年1月，因海珠区兴建变电站，广州市供电局征用海珠区某村集体50余亩土地，并申请由该村集体的企业解决安置劳动力34人及转居民户口13人。1992年5月，该村集体及相关村集体企业审批同意前述事项。

1992年，因梁某等四人未成年，梁某的法定代理人（其母亲）根据农转非合同等资料为梁某等四人办理了户口农转非，农转非合同载明，梁某等四人自愿申请农转非，户口迁出后，自觉执行村委关于农转非的规定及社章程，只在2000年前享受分配征地的征地款，不能享受其他分配和福利事业的待遇，自行解决劳动出路。

1995年7月1日，该村集体作出《关于1992年因变电站征地农转非人员问题的补充规定》，该规定内容为：（1）按1992年12月农转非合约规定，农转非后的人员如有征地款可参加分配到2000年止。但考虑到原农转非时是同一户口，现仍有直系亲属是本村股民的农转非人员，只要交回当时所领的4000元补偿款，就可按股份经济社章程的第二章第七条的第十项规定执行，即因城建征地从农业户口转为非农业户口人口者，可继续享受责任地股红分配到2000年12月31日止，人口股和工龄股可继续享受到死亡止，但其工龄数在户口迁出之日起不再递增，也不再享受集体其他福利待遇。但这点改变要由符合以上条件的农转非本人自愿并交回4000元给所在社才按以上条款执行，如果不自愿交款的可以按原来所签订的合约执行。（2）对1992年12月签订合约农转非后结婚的女子、全户农转非和农转非后已全户无直系亲属是××村农业户口者以及自愿报名去并不领款优先安排去农转非者，以上的三种人一律按1992年12月因农转非所签合约执行。

2001年3月12日，该村集体社员大会审议通过《××村股份经济联合社章程》。该章程第七条第三点规定："本村妇女与外地农民及居民结婚，必须从发出结婚证日起，半年内户口迁出，人口及工龄股在户口迁出次年自然消失，其一切福利待遇也随之取消，到期不办理户口迁出者也按期限自然消失。截止时间是按村规民约执行至2000年1月1日。"该章程第七条第九点规定："持股人因城建征地从农业户口转为非农业人口者，可继续享受股红分配，但其工龄股数在户口迁出之日起不再递增，也不再享受集体的一切福利待遇。对农转非后才结婚的女子，（无论嫁居民、农民）按本章程第二章第七条第三点规定执行。"

2001年12月10日，该村集体召开全体党员、社员代表会议，对1992年市供电局征地办理47人农转非人员在2001年起是否继续享受社员股份分配及福利待遇进行投票表决，表决结果过半数不同意47人农转非人员在2001年起享受社员股份分配及福利待遇，该村决定在2001年12月31日前由村、社负责支付47人农转非人员每人4000元劳动力安置费。

2003年1月10日，该村集体社员大会审议通过实施《××股份经济联合章程》。该章程第五条规定："根据中共广州市海珠区委文件［海委办（2002）51号］，××股份经济联合社、经济合作社固化股权的标准时间是2002年10月1日0时，确定为××股份经济联合社、各经济合作社社员有权参加股份分配及享受福利待遇的标准截止时间（统计股民确权数的标准时间）。"该章程第六条规定："有权享受本社福利待遇及股份分配股民必须具备的条件：一、在2002年10月1日0时，统一截止时间内各经济合作社户口在册的股民（已办单程证出国、港、澳、台者除外）；二、承认本社章程，遵守本社章程；三、按规定办理入股手续的。"该章程第七条规定："股份经济联合社、经济合作社，设立集体积累股和社员分配股及现金集资股，由股份经济社配给股民每人1股的股份，股民本人可终身享受，并实行固化股份,生不增，死不减，但可办理继承手续。”

2007 年 5 月 22 日，该村集体作出《关于对 1992 年农转非及 2002 年 10 月农转居人员安置费处理意见》，称：（1）凡是 2002 年 10 月 1 日截止时间属 × × 经济联合社股民的农转居人员，各经济社如有征地款或有经济能力分配股份款时，应首先向以上人员发放每人 4000 元的安置费。（武装部征地的农转非人员已发放此款，该次不再发放）（2）对 1992 年市供电局征地所办的 47 人农转非人员一律发放每人 4000 元的安置费。（此款由各经济社发放，因联社在 2001 年 12 月已按会议决定下拨此批人员的 13 个小孩每人 4000 元的款给各经济社，但各社要核对好当时谁取了此款，谁未取此款才能发放。）（3）对因 1992 年市供电局征地的 34 人（16 岁以上）每人发回 8000 元的劳动力安置费。（此款按 1992 年征地时的规定和村、社分配形式执行。当时的征地款分配是补偿社员青苗款后所得利润村、社各得 50% 计算，因此这次发放也按联社、经济社各负责 50% 计算。联社拨每人 4000 元到各经济社，由经济社集中发放每人 8000 元的劳动力安置费）

2020 年 5 月，梁某等四人认为该集体自 2001 年 8 月后以“村民自治”为由停发了原告福利待遇，故向 × × × 街道办提出行政处理申请，请求责令该集体立即恢复原告的 × × 村村民福利（股份）分红资格，并将梁某等四人从 2001 年 9 月起至今应享有的福利（股份）分红返还给原告。

二、法律分析

相关集体经济组织成员资格确认的案件，在广州市并不少见，但是每个案件均有其特定情况及缘由。这次梁某等四人提出该情况，主要是因为该集体拟开展“三旧改造”。而案件的特殊情况在于：（1）该集体并未全面履行农转非合同约定（或无法提供证据证明已经履行支付 4000 元安置费的义务）；（2）后期同类型征地时，有社员将户口转回该集体，且继续作为村民享有福利待遇，存在“双重标准”的风险。

但对此，笔者认为：第一，《广东省农村集体经济组织管理规定》第十五条规定：“原人民公社、生产大队、生产队的成员，户口保留在农村集体经济组织所在地，履行法律法规和组织章程规定义务的，属于农村集体经济组织的成员。实行以家庭承包经营为基础、统分结合的双层经营体制时起，集体经济组织成员所生的子女，户口在集体经济组织所在地，并履行法律法规和组织章程规定义务的，属于农村集体经济组织的成员。实行以家庭承包经营为基础、统分结合的双层经营体制时起，户口迁入、迁出集体经济组织所在地的公民，按照组织章程规定，经社委会或者理事会审查和成员大会表决确定其成员资格；法律、法规、规章和县级以上人民政府另有规定的，从其规定。农村集体经济组织成员户口注销的，其成员资格随之取消；法律、法规、规章和组织章程另有规定的，从其规定。”第十六条第二项规定：“农村集体经济组织成员享有以下权利：（二）享有集体资产产权、获得集体资产和依法确定由集体使用的国家所有的资产的经营收益。”根据上述规定，确定农村集体经济组织成员身份的审查标准是“户口加义务”的原则，具有农村集体经济组织成员资格的前提是农业户口。因此，能享有集体收益分配权的集体经济组织成员的前提应是有农业户口的农村自然人，而不是拥有居民户口的城市居民。该案中，梁某等四人因征地转为居民户口，已经享有国家基于其城市居民户口所给予的相应保障和待遇，不属于必须依靠集体经济组织的土地产出取得生存、生活保障的情形，不符合成为集体经济组织成员的前提条件，故梁某等四人不属于该集体成员，不享有与集体经济组织成员同等的福利待遇。第二，虽然《关于 1992 年因变电站征地农转非人员问题的补充规定》称因征地农转非者，其人口股和工龄股可继续享受到死亡止，但该集体于 2001 年 12 月 10 日召开全体党员、社员代表会议，不同意包括原告在内的农转非人员从 2001 年起享受社员股份分配及福利待遇，并决定在 2001 年 12 月 31 日前由村、社负责支付 47 位农转非人员每人 4000 元劳动力安置费，且原告早在 2001 年 5 月已将户口迁出第三人处，不属于《××股份经济联合章程》第六条第一款规定的在册股民。第三，该集体并未通过集体经济组织成员大会等方式表决同意梁某等四人获得集体经济组织成员资格。故梁某等四人并不具有该集体成员资格，亦无法享受成员资格的同等福利待遇，而关于 4000 元安置费的问题，梁某等四人应当寻求其他途径解决，不得在该案中处理。

三、处理过程

本案中，梁某四人向×××街道办申请行政处理。在行政处理阶段，我们作为该村集体的代理人，介入案件的处理。经过仔细研究案件材料（特别是涉及成员资格认定的历史文件）发现，梁某四人及家属均是在该村集体早年农转居过程中，出现了身份的变化（由农村户口转为城镇户口），且在当时为了帮助梁某四人及家属身份的转化，该村集体更付出了一定的代价，经过该村集体相关表决程序亦不同意给予梁某四人社员福利待遇，签署事实亦可能对本案的处理产生重要影响。鉴此，经与该村集体商定和确认，除了从法律层面上阐明认定农村集体经济组织成员资格的标准外，涉及本案的前述重要事实亦需要着重向×××街道办陈述。经街道办审理，支持和采纳了我们与该村集体确认的答辩意见，驳回梁某等四人的全部请求。梁某四人不服，向广州铁路运输法院提起一审诉讼，后在广州铁路运输法院驳回其四人诉讼请求后梁某四人又向广州铁路运输中级法院提起了二审上诉。

四、处理结果

本案经过行政处理、行政诉讼（包括一审及二审诉讼）流程，最终支持了我们的观点，驳回了梁某四人的全部行政处理申请及行政诉讼请求。

五、案例点评

该案涉及并不具有新意的农村集体经济组织成员资格认定问题，但是，在广州市大力开展“三旧改造”的大背景下，出现了一大批早期农转居人员要求确认集体经济组织成员资格的案件，而这些案件除了有利益的驱动外，不排除早年政策不够细化，相关工作不够完善导致集体经济组织认定成员资格过程中出现不合理甚至不合法的情况。而在这种情况下，如何抽丝剥茧，全面梳理历史关系，让法院能够清晰准确认定各种法律关系，是代理律师需要重点考虑的问题。

农村房产租赁合同的效力认定

——广州某物业租赁有限公司诉广州某酒店有限公司、广州市某餐饮管理有限公司租赁合同纠纷案

广东金本色律师事务所　苏玉华

一、案情介绍

2005年9月30日，广州市番禺区某经济合作社（以下简称某经济合作社）与案外人黄某签订了《土地租赁合同书》，双方约定将位于迎宾路某段以北、某酒店以西旁边的画红线面积约277,712.96m^2地块出租给黄某使用，租期40年，自2006年8月1日起至2046年7月31日止。2009年3月2日，经济合作社与黄某、原告广州某物业租赁有限公司（以下简称某物业）签订《关于变更承租主体的补充协议》，三方约定将《土地租赁合同书》的承租方由黄某变更为某物业，自2009年4月26日起，《土地租赁合同书》承租方的权利与义务由某物业享有和承担。

2011年10月8日，某经济合作社将位于广州市番禺区迎宾路某号之1，面积为27,712.96m^2的经济发展用地出租给某物业。租期从2006年8月1日起至2028年7月31日止。

2011年12月25日，某经济合作社与某物业签订《土地租赁合同》，双方约定将位于迎宾路某段以北、某酒店以北的面积约为4216.23m^2的地块出租给某物业，租赁期限为20年，从2012年1月1日起至2031年12月31日止。

2010年9月27日，某物业作为出租方与案外人某餐饮有限公司（以下简称某餐饮）签订《某商贸广场商业楼租赁合同》，约定某物业将位于广州

市番禺区迎宾路某段以北、某酒店以西、紧邻某酒店的某商贸广场自编3号楼出租给某餐饮，并同意将该楼宇周边红线范围内的地方交由某餐饮作配套停车及绿化等使用。地块面积约为17,008.9m^2，租赁期自2011年6月1日起至2028年7月31日止。

同日（2010年9月27日），双方签订了《某商贸广场场地租赁协议》，约定某餐饮承租某物业位于广州市番禺区迎宾路某段以北、某酒店以西旁、紧邻某酒店的某商贸广场自编3号楼背面的非红线用地地块，租赁期自2011年6月1日至2028年7月31日止。

2011年3月28日，某物业与某餐饮签订了《某商贸广场商业楼（附楼）租赁合同》，约定某餐饮承租位于广州市番禺区迎宾路某号之一（某商业园）自编5号楼，租期为2012年7月1日起至2028年6月30日止。该合同是《某商贸广场商业楼租赁合同》的附属合同。

同日（2011年3月28日），双方签订了《某商贸广场商业楼（加层）合同》，合同约定某物业将位于地块4自编3号楼第7层出租给某餐饮，租期从2012年7月1日起至2018年6月30日止。该合同属于《某商贸广场商业楼租赁合同》的附属合同。

2012年3月28日，某物业与某餐饮签订了《非红线用地确认书》。2018年3月2日，某物业与某餐饮、被告1某酒店有限公司、被告2某餐饮管理有限公司（以下简称某餐饮管理公司）签订《关于变更承租主体的补充协议》，约定将上述合同的承租主体变更为某酒店有限公司、某餐饮管理公司。同日三方签订补充协议，约定："租金的给付时间为每月5日前向某物业支付当月租金。如当月30日前未交清当月租金，甲方应收取滞纳金，如逾期60日未交清租金，甲方有权解除租赁协议。"

2016年6月30日，某物业与某饮食店（现已变更登记为某餐饮管理公司）签订《房屋租赁合同》，约定某物业将广州市番禺区迎宾路某号之一（3号楼）1－3层出租给某餐饮管理公司，租期自2016年7月1日起至2021年6月30日止，每月租金10万元。

2018年8月1日，某物业与某酒店有限公司签订《广州市番禺区房屋租赁合同》，约定将位于广州市番禺区迎宾路某号之一（3号楼）4－6层出租给某酒店有限公司作为酒店使用，租金每月 15 万元，租期自 2018 年 8 月 1 日起至 2023 年 7 月 31 日止。上述《房屋租赁合同》《广州市番禺区房屋租赁合同》均约定承租方拖欠租金 6 个月以上的，出租方可以解除合同收回房屋，并要求赔偿损失。

上述某酒店有限公司、某餐饮管理公司自 2019 年 2 月起未按合同约定时间向某物业支付租金，至 2019 年 4 月 26 日共拖欠 3 个月租金 2, 689, 404 元，经某物业发出催缴租金、水电费的函后，某酒店有限公司、某餐饮管理公司才于 2019 年 4 月 1 日支付了水电费，但 2019 年 1 月至 3 月的租金和逾期支付租金的违约金等仍未支付。某物业于 2019 年 4 月 4 日向某酒店有限公司、某餐饮管理公司发出解除合同律师函：通知双方解除《某商贸广场商业楼租赁合同》《关于变更承租主体的补充协议》，交还承租物业并立即付清拖欠的租金、违约金等。某酒店、某餐饮管理公司于 2019 年 4 月 5 日签收了解除合同律师函。

经多次催收拖欠租金及水电费未果，某物业于 2019 年 5 月 23 日向广州市番禺区人民法院起诉，要求：（1）确认其与某酒店有限公司、某餐饮管理公司的《关于变更承租主体的补充协议》《补充协议》已解除。（2）某酒店有限公司、某餐饮管理公司向其支付拖欠的 2019 年 5 月至 9 月的租金 4, 482, 340 元。（3）某酒店有限公司、某餐饮管理公司向其支付逾期支付租金的违约金 59, 166. 89 元。（4）某酒店有限公司、某餐饮管理公司向其支付的租赁保证金由其没收。（5）某酒店有限公司、某餐饮管理公司立即将承租的物业及场地全部交还给某物业。

二、法律分析

1. 某物业提出解除《关于变更承租主体的补充协议》《补充协议》实为解除《某商贸广场商业楼租赁合同》《某商贸广场场地租赁协议》《某商贸广场商业楼（附楼）租赁合同》《某商贸广场商业楼（加层）合同》，共四份租赁合同。

2. 由于上述四份合同中，某物业仅就第一份合同提交了涉案场地的相关用地性质与建设工程许可证，《某商贸广场商业楼租赁合同》属于有效合同。

3. 鉴于《某商贸广场商业楼（附楼）租赁合同》《某商贸广场商业楼（加层）合同》涉及的土地明确均未取得建设工程规划许可证，根据最高人民法院《关于审理城镇房屋租赁合同纠纷案件具体应用法律若干问题的解释》第二条规定，上述两合同为无效合同。

4. 《某商贸广场场地租赁协议》中涉及的土地因未提供相关证据，基于现有证据无法认定合同的性质。

三、处理过程

广州市番禺区人民法院（一审法院）经审查认为，《某商贸广场商业楼租赁合同》《某商贸广场场地租赁协议》《某商贸广场商业楼（附楼）租赁合同》《某商贸广场商业楼（加层）合同》均为有效合同。2018 年 3 月 2 日，原告与两被告签订的《关于变更承租主体的补充协议》《补充协议》合法有效。遂判决：（1）确认原告与两被告签订的《关于变更承租主体的补充协议》《补充协议》于 2019 年 5 月 5 日予以解除。（2）原告没收两被告缴纳的 2, 044, 600 元保证金。（3）两被告应于该判决生效之日起 7 日内向原告支付 2019 年 1 月至 9 月（含）期间逾期缴纳租金、使用费违约金共计 614, 675. 37 元。（4）两被告应于该判决生效之日起 15 日内将承租物业及场地交还给原告。（5）驳回原告其他诉讼请求。

一审判决作出后，某酒店有限公司、某餐饮管理公司提出上诉，请求：（1）撤销广州市番禺区人民法院（2019）粤 0113 民初××××号民事判决书第一、二、三、四项。（2）改判驳回被上诉人的全部诉讼请求。

四、处理结果

广州市中级人民法院依照《民事诉讼法》作出裁定：（1）撤销（2019）粤 0113 民初××××号民事判决。（2）该案发回广州市番禺区人民法院重审。

五、案例点评

该案是租赁合同纠纷的典型案例。争议焦点涉及四份租赁合同的效力问题，一审法院与二审法院的裁判观点截然相反：一审法院认为四份合同均合法有效；二审法院认定一份有效、两份无效、一份效力待定。在实践上，对同一案件的多份合同的效力认定中，应注意合同间的关联性，透过现象看本质。从解除《关于变更承租主体的补充协议》《补充协议》中，准确把握解除的核心对象是四份租赁合同。由于每份合同均属独立的法律关系，其效力认定上不能一概而论，而应分别界定。二审法院对各份合同效力分别定性，作出撤销一审判决、将该案发回重审的判决结果，有助于化解司法实践困境，为后续案件提供研究方向，防止类案异判，增强司法公信力。

农村房产买卖合同的效力分析

——徐某、邓某与魏某房屋买卖合同纠纷一案

广东金本色律师事务所　苏玉华

一、案情介绍

徐某、邓某系夫妻，魏某系非同村村民。2004 年 2 月 27 日，徐某（甲方，卖方）与魏某（乙方，买方）签订了《房屋买卖协议》，协议约定：买卖的房屋坐落于广州市白云区某街（以下简称涉案房屋），框架结构为楼房 1 幢首层铺位（复式）房，建筑面积 84.39m^2；买卖房屋的总价为人民币 242,000 元，在办好见证当天内先支付购房总款的 200,000 元，余款在 2004 年 10 月 1 日前付清；甲方保证在 2004 年 2 月 27 日前将房屋交付给乙方使用，乙方付清房款后产权归乙方所有，甲方必须保证协助乙方办理房屋产权变更登记手续，所需费用由乙方支付；甲方保证上述房屋的权属清楚，若发生与甲方有关的产权纠纷或债权债务，概由甲方负责清理，并承担民事诉讼责任，如因甲方给乙方造成经济损失，甲方负责赔偿；该协议经双方签名并经见证后生效；等等。同日，徐某与魏某就上述房屋买卖协议的签订在广州市白云区某街法律服务所办理见证。

涉案房屋的宅基地使用情况如下：穗同字第＊号《农村（墟镇）宅基地使用证》载明位于某村某卫队＊号宅基地，使用人为徐某，宅基地面积为 117m^2，建筑种类钢筋砼，层数首层，建筑面积为 117m^2，发证日期为 1996 年 9 月 8 日。广州市白云区某街某社区居民委员会于 2021 年 5 月 25 日出具证明，内容为证实该社区居民即徐某所持有的农村（墟镇）宅基地使用证（证号：穗同字第＊号）上的地址与涉案房屋为同一地址。

徐某、邓某陈述涉案房屋是在1996年核发宅基地证后新建的，房屋新建的完工时间是1997年；与魏某签订买卖协议时，涉案房屋所在楼房为七层半结构，签订买卖协议是将该栋楼房首层的3/4出售给魏某；涉案房屋所在楼房现为九层结构楼房，多出的一层半结构是在2016年至2017年由徐某、邓某自行加建的；涉案房屋在1997年新建时在村进行了报备，没有办理规划报建手续，后面的加建也没有办理规划报建手续。魏某对徐某、邓某陈述的房屋新建时间表示不清楚，但对涉案房屋的房屋结构为九层楼房没有异议，魏某就购买的涉案房屋在2008年就夹层进行了部分改建。

二、法律分析

（一）该案能否适用《民法典》（2021年1月1日起施行）？

因该案诉争的法律事实发生在《民法典》施行前，故根据最高人民法院《关于适用〈中华人民共和国民法典〉时间效力的若干规定》第一条第二款"民法典施行前的法律事实引起的民事纠纷案件，适用当时的法律、司法解释的规定，但是法律、司法解释另有规定的除外"的规定，该案应适用当时的法律及司法解释的规定进行审理，不适用《民法典》。

（二）受诉法院能否直接对涉案房屋进行实体处理？

因农村（墟镇）宅基地使用证（证号：穗同字第＊号）上记载的房屋已于1997年拆毁重建，而涉案房屋系在原址的基础上新建的，且在新建时没有办理规划报建手续，现有证据不能证明涉案房屋系合法建筑。根据法律规定，涉案房屋应先由行政主管部门处理后才能确定其财产权益关系，也就是说，在未经行政主管部门依法对涉案房屋作出处理前，受诉法院系无法对该案作出实体处理。徐某、邓某需待行政主管部门对新建房屋作出处理后，方可就民事纠纷另行提起诉讼，要求法院处理。

三、处理过程

2021年6月17日，徐某、邓某将魏某诉至广州市白云区人民法院，请求：（1）确认徐某、邓某与魏某签订的《房屋买卖协议》无效；（2）徐某、邓某同意返还魏某购房款242,000元，判决魏某返还徐某、邓某位于广州市白云区某街的房屋；(3) 该案诉讼费由魏某承担。

四、处理结果

广州市白云区人民法院认为：根据最高人民法院《关于适用〈中华人民共和国民法典〉时间效力的若干规定》第一条第二款规定："民法典施行前的法律事实引起的民事纠纷案件，适用当时的法律、司法解释的规定，但是法律、司法解释另有规定的除外。"该案中，徐某、邓某与魏某争议的法律事实发生于2021年1月1日《民法典》施行之前，故该案应适用当时的法律及司法解释的规定进行审理。

涉案房屋系于1997年在原址新建的，故农村（墟镇）宅基地使用证（证号：穗同字第＊号）不是涉案房屋所具有的合法权利登记证明。由于现有证据并不能证实涉案房屋在新建时已办理规划报建手续，在现有涉案房屋建设的合法性、初始物权登记尚未经相关行政主管部门认定及处理之前，对相关权利人之间民事权利进行处理缺乏相应的前提，故对徐某、邓某提起的要求确认双方签订的《房屋买卖协议》无效，以及要求魏某向徐某、邓某返还涉案房屋的民事诉讼，法院暂不作调处，徐某、邓某可待行政部门对新建房屋作出处理后另行提起诉讼要求处理。

法院遂作出驳回徐某、邓某的起诉的民事裁定书。

五、案例点评

随着城镇化进程加快，农村房屋转让及土地流转迅速增多，而在土地资本化和拆迁补偿的利益驱动下，农村房屋买卖合同纠纷骤增，曾经卖房卖地的村民往往又反悔，请求法院确认合同无效，要求买方返还房屋。该案中，承办法官充分说理，详尽解释了驳回起诉的缘由，有利于为农村房屋买卖纠纷的解决提供指引，对农村房屋买卖合同纠纷案件审理具有一定的参考意义。

行政强拆行为及行政赔偿的司法审查

——黄某某与广州市某区水务局、广州市某区某镇人民政府、广州市公安局某区分局行政强制拆除及行政赔偿一案

广东元道泽粤律师事务所　王竹萍

一、案情介绍

为执行广州市某区河长制办公室印发的广州市某区河长制办公室《关于移送市河长办下发一、二级支涌及边沟边渠违法建设整治任务的通知》，广州市某区水务局（以下简称某区水务局）对照任务清单，对清单内各建筑开展甄别核查工作，对确属违法建筑的相关权属人发出责令限期改正通知书，通知其自行拆除河道（涌）管理范围内违法建筑物、构筑物，恢复原状。该案原告父亲在收到责令限期改正通知书后并未在期限内作出改正。后某区水务局联同广州市某区某镇人民政府（以下简称某镇政府）、广州市公安局某分局（以下简称某区公安分局）对涉案建筑物进行清拆，原告在涉案建筑物被清拆后，认为某区水务局、某镇政府、某区公安分局侵害了其相关权益，因此向广州铁路运输法院提起行政诉讼，诉讼请求为：（1）某区水务局、某镇政府、某区公安分局于 2019 年 9 月 5 日拆除原告位于某路 ××× 号宅基地房屋的行为违法；（2）某区水务局、某镇政府、某区公安分局连带赔偿原告 2, 346, 000 元；（3）某区公安分局支付原告精神损失赔偿费 20, 000 元。

二、法律分析

某镇政府委托律师对上述案件代理一审的行政诉讼。律师接受委托后，对某镇政府、某区水务局、某区公安分局于2019年9月5日径行强制拆除涉案房屋的行政行为进行了调查，发现前述行政行为可能涉及违法，案件分析如下。

（一）各被告是否均为该案的适格被告？

某镇政府在执法过程中是依据某区水务局作出的涉案责令限期改正通知书以及河长制办公室发布的相关文件实施的强制拆除行为，某区水务局是拆除工作的牵头机关，因此某镇政府、某区水务局为该案的适格被告。但某区公安分局仅是为了维持治安，因此其非该案的适格被告。

（二）涉案强制拆除行为是否合法？

某区水务局仅向原告父亲送达责令限期改正通知书，经催告后，原告未在期限内拆除建筑物，某区水务局、某镇人民政府即以原告未在期限内拆除建筑物为由对建筑物实施强拆，某区水务局、某镇政府在执法过程中没有对原告发出相应执法文书，未履行公告、催告等程序以及保障原告陈述和申辩的权利，前述行为有可能违反法定程序，进而导致拆除涉案房屋的拆除行为被认定违法。另外，某区水务局在责令限期改正通知书中所适用的《水法》最早于1988年才开始施行，涉案房屋于1985年就已建设完成，根据法不溯及既往的原则，某区水务局所作出的责令限期改正通知书存在适用法律错误。

（三）是否应当赔偿、赔偿标准如何确定？

若涉案拆除行为最终被法院认定为违法，补偿方案应当参考同地段同时间的广州市某区人民政府办公室《关于印发广州铁路集装箱中心站项目土地及房屋征收补偿工作方案和补偿办法的通知》以及广州市某区人民政府征地办公室《关于转发〈广州铁路集装箱中心站项目住宅房屋征收补偿安置办法〉的通知》等征收补偿标准作补偿。

三、处理意见

律师接受代理后，就广州市某区水务局作为辖区内水行政主管部门是否有权对涉嫌在河道管理范围内建设、妨碍行洪的建筑物的行为进行查处、广州市某区水务局作出《责令限期改正通知书》程序是否合法、适用法律法规是否正确等问题发表代理意见。

但同时向委托人提示本案强制拆除的行政行为有被法院认定违法的法律风险。

最终广州某法院判决确认广州市某区水务局、广州市某区某镇人民政府强制拆除的行政行为违法，并责令赔偿原告损失。

四、处理结果

广州铁路运输法院经审理，作出以下判决：（1）确认被告某区水务局、某镇政府于2019年9月5日强制拆除原告位于广州市某区某路×××号宅基地上房屋的行政行为违法。（2）责令被告某区水务局、某镇政府于该判决发生效力之日起15日内赔偿原告损失人民币954,000元。（3）驳回原告的其他诉讼请求。

五、案例点评

该案中，某区水务局在作出责令限期改正通知书时并未对房屋背景作充分的审查，导致适用法律错误。某区水务局、某镇政府联合执法时未对相关权利人发出相应的执法文书，未履行公告、催告等法定程序以及保障权利人陈述和申辩的权利，导致涉案行政行为被认定违法。

村居法律顾问在协助相关行政机关处理类似纠纷或审查行政行为是否依规合法时，应当充分了解案件事实、背景，以及行政行为作出的依据、程序，提前发现并解决问题，避免行政机关在执法过程中与基层群众产生矛盾，减少社会损失。

家庭成员意见对集体经济组织成员股份权属争议有何影响

——关于家庭成员内部农村集体经济组织股份登记纠纷

广东连越律师事务所　谢敬文

一、案情介绍

某经济联社章程规定，社员非计划生育子女，自 1974 年 6 月 1 日后生育的第三胎起不享有股份，无计划生育第二胎须交清罚款后才享有股份。

该经济联社某家庭共孕育三胎子女，均为 1974 年 6 月 1 日后出生，其中大哥李某某出生之日起即享有股份，二姐李某云因出生时未交清罚款未能享有股份，妹妹李某红出生后，父母交清了二姐的罚款。交清罚款后，经济联社在 1989 年制作股份底册配股时，将妹妹李某红登记为股民身份并享有 1 股股份，二姐李某云未被登记为股民身份（不享有股份）。自登记之日起，家庭内全部股份分红（包括妹妹股份分红）一直由母亲领取。2014 年经济联社重新建立股份时（此时妹妹已成年），母亲未征询妹妹李某红的同意，即向经济联社工作人员表示妹妹李某红的股民身份系因当时工作失误而登记，根据当时经济联社章程规定应由姐姐李某云享有股民身份，经济联社工作人员根据母亲的申请，在未征得李某红同意的情况下，将登记在李某红名下的该股份变更到李某云名下，且该股份的分红自 2014 年起归李某云所有。妹妹知道该情况后，认为经济联社变更登记的行为侵犯其合法权益，向所在街道办事处提出行政处理申请，要求恢复其股份登记。

经调查了解，虽然根据经济联社章程规定，该家庭只能由二姐持有该 1 股的股份，但在该经济联社实际操作中，股份登记在谁名下由家庭内部决定，经济联社根据家庭内部决定结果进行登记。当年办理股份登记的经济联社工作人员相继去世，当时具体情况已无法调查核实。现该家庭内部讨论，除妹妹外，其他家庭成员一致认为该股份应由二姐享有，应登记在二姐名下。

街道办事处根据该区农村集体经济组织股份制实行“折股量化到人”的政策，认定农村集体经济组织的股权分配到个人，再由个人进行处分。经济联社在1989年制作股份底册配置股份时，已经将股份登记在妹妹名下，2014年进行股份登记时，妹妹已经成年，在未征得其本人同意的情况下，经济联社擅自将其享有的股权进行变更，与“折股量化到人”的政策不符。因此，街道办事处作出行政处理决定，要求经济联社将争议股份恢复登记到妹妹名下。

二姐李某云不服该行政处理结果，向法院提起行政诉讼要求撤销该行政处理决定。

二、法律分析

1. 关于农村集体经济成员身份、股份争议属于基层群众自治事项，应依据章程、有关法律、法规自行处理。

农村集体经济组织属于基层群众性自治组织，关于农村集体经济组织成员资格的认定属于村民自治的事项之一，在不违反法律法规的前提下，可以自行确定农村集体经济组织成员的资格条件。因此，农村集体经济组织成员资格的认定属于村民自治的事项之一，发生争议的应依据其组织章程及有关法律、法规进行处理。

2. 街道办事处有权就农村集体经济成员身份、股份争议作出处理。

根据《地方各级人民代表大会和地方各级人民政府组织法》第七十六条第三项“保护社会主义的全民所有的财产和劳动群众集体所有的财产，保护公民私人所有的合法财产，维护社会秩序，保障公民的人身权利、民主权利和其他权利”的规定，以及《广州市街道办事处工作规定》第十三条第九项“尚有农村和经济联社的街道，负责指导、支持和帮助村民委员会和经济联社的工作，协调和管理涉农事务，发展农村集体经济”的规定，二姐李某云和妹妹李某红关于股份确权的争议属于农村集体经济组织的集体财产收益分配涉及个人财产权益，属于街道办事处的职责范围，街道办事处有权作出关于争议股权确权的行政处理。

三、处理过程

一审法院认为经济联社在 1989 年制作股份底册配置股份时，1 股的股份已经登记在妹妹李某红名下，但在 2014 年重新建立股份档案时，在未告知妹妹李某红，也未征询其本人意见的情况下，将股份变更登记至二姐李某云名下，侵犯了妹妹李某红的合法权益。街道办事处作出的行政处理决定事实清楚，适用法律正确，驳回了二姐李某云的诉讼请求。

二姐李某云不服一审判决提起上诉。

二审法院认为集体经济组织财产最初来源于以家庭为单位的土地联产承包经营，并以此为基础逐步发展成为股份相对固化的股份经济合作模式。据此，对集体经济组织成员股份的权属争议，应当遵循农村集体经济组织规定，尊重历史、实事求是，有利于维护家庭承包户内成员和谐稳定。因此，根据章程规定，股份登记应当听取除姐姐、妹妹以外的其他家庭成员意见，但街道办事处的行政处理未考虑章程的规定，未听取家庭成员意见，因此，街道办事处的行政处理决定缺乏事实依据和法律依据，应予以撤销。

四、处理结果

街道办事处收到二审判决书后，对李某云、李某红的家庭成员做了调查笔录，听取了各家庭成员关于股份确权的意见，并根据家庭成员的意见，重新作出行政处理决定书，要求经济联社将该股份确权至二姐李某云名下。

五、案例点评

该案是一起典型的家庭成员内部集体经济组织股份确权争议，且因年代久远经济联社当时的经办人员均已去世，无法通过向经办人员了解情况来查明案件的基本事实。案件经法院审理时出现了一审、二审截然不同的结果。

根据二审的裁判理由可以看出，集体经济组织内部的股份固化，也是来源于以家庭为单位的土地联产承包经营，虽然根据“折股量化到人”的政策，但仍具有家庭属性，发生争议时应听取家庭成员的意见。因此，街道在就此类案件作出行政处理时，在无法查明当时真实情况时，不能仅仅按经济联社章程听取争议双方的意见，而更应考虑维护家庭承包户内成员之间的和谐稳定，充分听取所有家庭成员的意见，对经济联社作出指导或作出行政处理决定。

第四部分　统筹协调类案例

阿婆立遗嘱赠与社区股，违反股份制章程遗赠无效

——社区股遗赠行为的效力认定

广东厚载律师事务所　李夏琳

一、案情介绍

孔某秋生前系广州市某区某街某社区第八经济合作社（以下简称第八合作社）的社员，孔某秋的父亲、配偶均早于孔某秋亡故，孔某秋生前未生育子女。2011 年 9 月 15 日，孔某秋在某律师事务所的见证下订立遗嘱并签名按捺指纹，主要内容包括：孔某秋多年来一直由孔某洪、张某茂夫妇供养、照顾，孔某秋决定百年之后将其名下所有的财产遗赠给孔某洪、张某茂，其中包括登记在孔某秋名下的《广州某社区集体经济组织股权证》确认的第八合作社社区股 200 股。孔某秋于 2011 年 10 月 13 日去世，其去世后，孔某洪、张某茂要求第八合作社向其支付孔某秋社区股 200 股的分红款项，第八合作社认为根据《某村社区合作经济组织股份制章程》的规定，社区股只能由具有该社社员资格的子孙后代继承，孔某洪、张某茂夫妇不是该社社员，无权获取孔某秋的分红款项，因此拒绝将分红款支付给孔某洪、张某茂。孔某洪、张某茂将第八合作社诉至法院，要求确认其二人享有孔某秋社区股 2011 年、2012 年股份分红 34,000 元。审理过程中，法院将孔某秋的两个弟弟孔某熙、孔某贤追加为第三人参与该案诉讼。孔某熙、孔某贤系第八合作社的社员，其二人主张根据章程规定，孔某秋的股份应由其二人继承，分红款项也应由其二人享有。一审法院判决确认孔某洪、张某茂享有相关股份分红款。第八合作社不服一审判决，提起上诉。二审判决采纳

了第八合作社的上诉理由，撤销一审判决。

二、法律分析

该案争议的焦点在于孔某秋能否将其持有的200股社区股遗赠给孔某洪、张某茂。案涉的社区股，是农村股份固化改革的产物，是量化后的集体资产。这种社区股一般依据农村集体经济组织制定的股份制章程配置，股东都必须具备本村集体经济组织成员资格，带有非常浓厚的身份属性。该案中，根据章程的规定，社员股权是按“生不增，死不减；进不增，出不减”的原则实行固化，因此，即使孔某秋已经去世，其所享有的社区股也未予以收回，且第八合作社在其去世后仍为其保留了分红款项，可见该社区股的特殊性。由于孔某洪、张某茂二人并不具备第八合作社的社员资格，不具备享有该社区股的身份前提，也违反了章程中关于“社区股应由具有本社村民资格的子孙后代进行继承”的相关规定，因此，孔某秋在遗嘱中对该200股社区股的处分应属无效。

三、处理过程

李律师作为该案第三人的代理人，提出如下代理意见：（1）章程系经过合法程序制定并已实施多年，对所有社员均具有约束力，该案各方也都确认了章程的合法有效性。根据章程的规定，社区股东是指按2000年股份制章程享有社员资格的原股东和符合国家法律、法规、政策的又具备社区股东资格的新村民，社区股是指社区股东所享有的股权。因此，享有社区股的前提是具备章程规定的社员资格，是基于社员资格享有分红的权利，与其身份密不可分，因此，孔某秋处分其持有的社区股应遵守章程的规定。孔某洪、张某茂并非第八经济社社员，不具备社员资格，孔某秋在遗嘱中将社区股遗赠给孔某洪、张某茂，违反了章程规定，该遗赠内容无效。（2）根据章程规定，社区股可以按照《继承法》的规定继承，由具有该社村民资格的子孙后代进行继承。孔某洪、张某茂不具有该社社员资格，无权继承社区股；第三人具有该社社员资格，该200股社区股应由第三人继承，分红款项也应由第三人享有。

四、处理结果

由于一审法院对于社区股的性质理解不透彻，并未采纳李律师的代理意见。一审法院经审理认为，虽然根据章程，孔某洪、张某茂不具备继承社区股的身份资格，但孔某秋订立遗嘱将200股社区股赠与孔某洪、张某茂，真实意思应当是将股权产生的财产收益赠与孔某洪、张某茂，应尊重孔某秋对其过世后可能产生的财产收益的处分，该处分不违反法律法规的强制性规定。同时，第八合作社确认已保留孔某秋的分红款份额，并确认孔某秋去世后其名下2011年、2012年的分红款数额为34,000元。因此，一审法院判决确认孔某洪、张某茂享有孔某秋在第八合作社的2011年、2012年股份分红款34,000元。一审判决后，第八合作社不服一审判决提起上诉。李律师未再代理第三人，但从二审法院的判决结果看，二审法院完全认同了李律师的代理意见。二审法院认为，孔某洪、张某茂不具备章程规定的社区股东资格，孔某秋将社区股200股遗赠给孔某洪、张某茂违反了章程规定，其处分行为不符合条件，二审法院不予确认，裁定撤销一审判决。

五、案例点评

一审法院一方面认可社区股的身份属性，认为孔某洪、张某茂不具备继承社区股的身份资格；另一方面，又从社区股所具有的财产属性考虑，认可了孔某洪、张某茂对社区股所产生的财产收益的继承权利，将社区股的身份属性与财产属性完全割裂，导致对社员资格的界定失去意义，实质上否定了社区股的身份属性。一审法院的判决理由和依据是自相矛盾的，是对社区股的性质认识模糊的结果。二审法院以章程为依据，正确认定了社区股的性质，认为孔某秋对社区股并没有完全的处分权，必须受到章程规定的限制，纠正了一审法院的错误判决。

解决村民待遇问题，首先要尊重村民自治

——曾经发放分红，是否就代表承认社员资格

广东群竹律师事务所　常　峰

一、案情介绍

黎某出生于1978年，于2000年8月30日与增城区某村村民石某登记结婚，于2017年4月24日随石某将户口迁入增城区某村，户口性质为居民户口。某日，据该村内传出的消息称某环线高速公路项目将要经过该村，村民（社员）可能都能因此分得一笔补偿款。黎某也认为自身具备村民（社员）身份，显然理应取得补偿款，但在该村开分红大会期间，该村未向黎某发放村内2万元的分红款。

黎某认为村内此举是对其妇女权益的侵害，便向村委会、街道办事处主张维权。据黎某所述，同村曾有与她有同样经历的妇女，该妇女曾在当地街道办事处开过一张证明，证明上面载明："根据《广东省农村集体经济组织管理办法》，×××等六名村民符合以上规定，享有××社社员资格及集体分红。2009年12月6日起，凡入本社户口便可获得社员资格享受分红。"黎某主张，该证明加盖了街道办的公章，具有法律效力，自身理应被同等对待，遂向当地街道办发起行政确认申请，其申请内容为："（1）确定自己是×× 村社员；（2）补发高速征地补偿款。"街道办受理后，经依法询问得知，该证明上的"2009年12月6日起，凡入本社户口便可获得社员资格享受分红"的内容属于黎某伪造，且社内未对其身份进行过表决确认。街道办事处对此情形作出了以下认定："第一，村社确实曾经发放过分红款给黎某，但是，该行为不代表承认其社员资格，只是村社对自己的集体分红有

自主权的表现。根据《广东省农村集体经济组织管理规定》第十五条第三款的规定，外籍人员户口迁入本集体经济组织需经社委会或者理事会审查和成员大会表决确定。黎某虽然属于户口迁入，但是其成员资格未经社委会、理事会审查确定，因此不能享受社员资格和集体分红。第二，黎某不具有社员资格和享受分红的资格，自然不能享受高速公路拆迁补偿款。”

黎某得知此结果后，不服认定，当即向增城区人民政府提起行政复议，经审理，增城区人民政府作出了维持的决定。黎某仍不服，再就此向人民法院提起行政诉讼。

二、法律分析

该案属于典型的村民待遇纠纷。其中，《广东省农村集体经济组织管理规定》是该案中引用最多，规定最具体，可操作性最强的法律依据。在人民法院判决内容及行政部门出具的文件中，基本上都引用了《广东省农村集体经济组织管理规定》的条款内容。

《广东省农村集体经济组织管理规定》第十五条第三款规定，“实行以家庭承包经营为基础、统分结合的双层经营体制时起，户口迁入、迁出集体经济组织所在地的公民，按照组织章程规定，经社委会或者理事会审查和成员大会表决确定其成员资格；法律、法规、规章和县级以上人民政府另有规定的，从其规定”。

根据《广东省农村集体经济组织管理规定》上述规定，村民虽可自由办理户口的迁入和迁出，但其集体经济组织成员的资格取得，必须经过成员大会表决。而该成员大会的表决并非要以召开集体会议的形式确认社员资格，否则，若对任一迁入该村的人均进行一次表决，村民及村居难免为繁杂的程序所累。

而在实践中，往往以社员规章、村规民约的形式，来代表集体经济组织全体成员的意志。社员规章、村规民约是依照法定程序由大家集体投票通过确认，既代表集体意志又对所有成员具有约束力。

综上所述，黎某不具备该村的集体经济组织成员（社员）资格。在是否对黎某发放村民待遇的问题上，应充分尊重村内民主自治。

三、处理过程

虽然考虑到该案中黎某具有弱势群体身份，但对村居法律顾问而言，不应随意为个案和稀泥。若该案中同意黎某简单分得集体分红，那么村集体的分红便会被稀释，日后难免会出现类案。

作为村社的代表，在该案的处理过程中，本人从维护村社的合法权益的角度出发，在解决村民待遇问题上，坚持根据《广东省农村集体经济组织管理规定》主张尊重村民自治，请求驳回黎某的诉求。

在该案中，黎某坚持认为自己是该村社社员。依据在于其出具的当地街道办事处开具的证明，而该证明上有社员代表的签名。

具体而言，该村社曾经多次给黎某发放过分红，按照黎某的想法或者某些法院的判例，已经是事实上承认黎某的社员资格（换句话说，不承认社员资格为什么要给我发分红），在该案中，政府部门和法院都清楚地意识到，曾经发放分红，不代表承认社员资格，只是集体经济组织经济自主权的体现。（村社愿意给谁发分红就给谁发分红，不一定非得发给社员）

当然双方的交锋大多也是在围绕着这个证明的真伪进行辩论。

四、处理结果

该案经过一审和二审的审理，一审与二审法院均根据《广东省农村集体经济组织管理规定》维持了街道办及人民政府的决定。司法机关依法支持了村内的主张，驳回了黎某的诉求。

该案黎某维权之路历经二年，黎某穷尽各类维权途径，包括行政确认、行政复议、行政诉讼中的一审和二审，黎某及村内投入了诸多时间及精力，处理村民待遇纠纷所需时间和精力可见一斑。

尽管黎某的诉求并未得到人民法院与行政机关的支持，但该案纠纷最后还是得以圆满解决。村社考虑到黎某长期生活在村内，以前也有照常发放过分红，为了村里的氛围和谐，村社不拘泥于黎某的身份问题，决定给黎某分发 9000 元的分红款。双方以和为贵，该案矛盾最终得以化解。

五、案例点评

对于村居法律顾问而言，村民待遇纠纷问题常显得极为棘手。尤其是处于三旧改造和大范围拆迁的节骨眼上，村民待遇问题牵扯范围广，牵扯利益大，处理不慎，往往会导致村内遭受长期诉累和村民的长期内耗。该案作为村民待遇纠纷的典型之一，对了解村民待遇案件的困难和复杂以及处理方式，具有一定参考意义。

法院对《广东省农村集体经济组织管理规定》的引用，为法院在审理类似案件时，提供了有效参考，也避免了有些村民滥用权利，出现绑架“法院”的情况。此外，该案否认了实践中常见的“事实认定”的说法，依法审理，此举亦是法治进步的表现。

在实践中，村社内的利益纠纷复杂难辨，作为村社的法律顾问应积极调和双方的矛盾，即便无法调和，也要充分尊重村民的自治，寻找平衡点，在村民章程、社员规章不违反法律规定的情形下，坚持自治底线，否则一案未平，一案又起，只会导致村内频频受累，不利于村社治理的稳固长久。

相邻通道通行的必要性审查

——何某某、陈某良等人与陈某容等人相邻通行权纠纷

广东厚载律师事务所　范俊平

一、案情介绍

何某某系陈某容、陈某良母亲。1990 年，因生活所需，案涉房屋分为 13 号、15 号两部分，经协商，何某某、陈某良夫妇及其子女分得 15 号房，陈某容一家分得 13 号房。2012 年双方在两房屋基础上加建，费用各自承担。建成后，双方房屋东西相连，未有独门独户的阻断墙体，有唯一一条道路贯穿案涉房屋东西两侧。

2016 年 8 月，未经何某某、陈某良准许，陈某容私自在共同使用的通道口（东面墙）安装铁闸，堵塞了原本两家共同使用多年的通道，妨碍了何某某、陈某良一家原有的正常通行权利。双方在多方部门协调下均未能解决纠纷，何某某、陈某良遂委托律师向法院提起诉讼。

二、法律分析

该案争议属于相邻通行纠纷，争议的焦点在于原告诉请的通道是否为原告通行的唯一便利通道。

《民法典》第二百八十八条规定：不动产的相邻权利人应当按照有利生产、方便生活、团结互助、公平合理的原则，正确处理相邻关系；第二百九十一条规定：不动产权利人对相邻权利人因通行等必须利用其土地的，应当提供必要的便利。（原《物权法》第八十四条、第八十七条之规定）

此外，在 2020 年 12 月 29 日最高人民法院《关于废止部分司法解释及

相关规范性文件的决定》公布并于2021年1月1日实施之前仍适用的最高人民法院《关于贯彻执行〈中华人民共和国民法通则〉若干问题的意见〈试行〉》第一百零一条规定：对于一方所有的或者使用的建筑物范围内历史形成的必经通道，所有权人或者使用权人不得堵塞。因堵塞影响他人生产、生活，他人要求排除妨碍或者恢复原状的，应当予以支持。但有条件另开通道的，也可以另开通道。

三、处理过程

律师在接受原告方委托后，听取了原告的诉求，多次到现场查看了涉案房屋情况，并到多方部门了解此前的纠纷处理过程及结果。

此外，律师向法院提供了关于温某快（陈某良妻子）反映邻里纠纷问题的处理意见、房屋平面图、现场照片、证人证言等证据材料，同时与经办法官沟通，组织双方当事人共同到涉案房屋进行实地查看，以查明，案涉通道是否为原告出行的唯一便利通道。

案件处理过程中，被告主张原告除了可通过案涉通道通行外，还可以在案涉房屋南面开门通行，法院到场查明案涉房屋与南侧房屋的墙体相距95厘米至120厘米，但该空间属于案涉房屋与案外人房屋之间的公用部分，并非公共道路。基于此，一审法院认为该空间宽度虽可容纳行人行走，但只能在邻居同意情况下临时通行，不能作为原告进入房屋通向村道的唯一必经之路。因此，被告主张原告可另开通道于法无据。

四、处理结果

该案一审法院最终判令被告陈某容等人将13号房东面墙靠南一侧卷闸门的钥匙交给原告方，恢复各原告从该门的正常通行。被告不服上诉，二审法院最终驳回上诉。

五、案例点评

该案处理过程中，除了考虑法律问题，还需尽量考虑纠纷双方的社会关系，尽量处理双方案件背后的矛盾。邻里关系中，经常相处，即便系兄弟关系，都难免产生口角、分歧，日积月累如果未能得到很好的处理，便会发展到难以解决的地步。类似上述案例，在城市化进程不断推进的当今社会，邻里关系的矛盾也会日新月异。处理此类相邻纠纷，我们也要结合时代发展，不断完善处理方式。

诉讼请求不具有合法利益，不应得到法律的支持

——林某某因城市更新房屋被拆诉广州市白云区某街道办事处行政纠纷

广东纬韬律师事务所　刘淑娟

一、案情介绍

为执行广州市委办公厅、广州市政府办公厅印发《白云山、麓湖、越秀山及周边还绿于民工程三年环境整治行动计划》的通知，广州市白云区某街道办事处对其辖区内的相关违章建筑发出了清拆通知，并告知相关住户于限定期限内搬离，之后将对相关违章建筑进行清拆。以上涉拆范围的住户之一林某某在收到清拆通知后，认为广州市白云区某街道办事处侵害了其相关权益，因此向广州铁路运输法院提起行政诉讼，诉讼请求为：（1）确认广州市白云区某街道办事处于 2019 年 10 月 23 日作出清拆通知的行政行为违法；（2）要求法院判决诉讼费由广州市白云区某街道办事处承担。

二、法律分析

该案是一起涉拆范围的住户之一林某某因城市更新涉房屋即将被清拆认为广州市白云区某街道办事处损害其合法权益而维权的行政纠纷案件。该案的关键点是：（1）案涉建筑是否为违章建筑；（2）广州市白云区某街道办事处于 2019 年 10 月 23 日作出的清拆通知对原告的合法权益有没有产生实际影响。

三、处理过程

广州市白云区某街道办事处特委托律师对该案代理一审的行政诉讼。律师接受委托后，对广州市白云区某街道办事处在清拆涉案建筑物的清拆程序进行了调查，发现该案的清拆程序基本合法。该街道在清拆案涉建筑前分别于2019年10月23日、11月5日及11月24日向林某某发出清拆通知。调查结束后，律师随即向广州铁路运输法院提出了相关答辩意见，请求驳回原告林某某的起诉。具体答辩意见有以下几个方面。

1. 涉案的建筑物被清拆是依据涉案的最后一份即11月24日发出的清拆通知所规定的拆迁时间届满后进行的清拆。系列证据包括清拆前的现场询问笔录、物品制作清单、清拆时的录像等，以充分证明2019年10月23日广州市白云区某街道办事处作出清拆通知的行政行为并没有对其权利、义务产生实际影响。

2. 依据最高人民法院《关于适用〈中华人民共和国行政诉讼法〉的解释》第一条第二款第十项的规定，对公民、法人或者其他组织权利义务不产生实际影响的行为不属于人民法院行政诉讼的受案范围。广州市白云区某街道办事处于2019年10月23日作出清拆通知的行政行为并没有对该案原告林某某的实际权利、义务产生实际影响，所以建议法院裁定驳回原告林某某的起诉。

3. 依法提出涉案的原告林某某对该案的违章建筑物不具有合法利益。根据《广州市违法建设查处条例》第二条，该条例所称违法建设，是指违反城乡规划管理有关法律、法规规定的下列情形：（1）未取得建设工程规划许可证或者未按照建设工程规划许可证的规定进行建设的；（2）未取得乡村建设规划许可证或者未按照乡村建设规划许可证的规定进行建设的；（3）未经批准进行临时建设或者未按照批准内容进行临时建设的；（4）临时建筑物、构筑物超过批准期限不拆除的。违法建筑物、构筑物违反城乡规划的事实持续存在的，属于违法建设的继续状态。因为原告林某某不能提供合法、有效的任何相关证件，且广州市委办公厅、广州市政府办公厅印发《白云山、麓湖、越秀山及周边还绿于民工程三年环境整治行动计划》的通知中已经将涉案的建筑列为违章建筑，所以该案的建筑物履行违法建筑，由此可判断原告林某某在该案中的诉讼请求不具有合法利益，不应该得到法律的支持。

四、处理结果

广州铁路运输法院认为广州市白云区某街道办事处于 2019 年 10 月 23 日所作出的《清拆通知》并非最终法律效力的通知，该通知并未对原告林某某的合法权益产生实际影响，裁定驳回原告林某某的起诉。该案的原告林某某收到一审裁决后没有再提起上诉，一审裁决生效。

五、案例点评

律师同行在代理行政诉讼案件时，要针对当事人的诉讼请求恰当分析案情，对案件性质准确定性是否为行政诉讼；如果是提起行政诉讼，首先要判断行政机关的行政行为有无对当事人的实际权利和义务产生实际影响和后果，当事人所主张的实际权利和义务是否合法，然后再决定是否可依法为当事人提起行政诉讼。

农村集体经济组织产权制度改革需要律师提供哪些服务

——为集体产权制度改革提供法律服务的典型案例

广东杰海律师事务所　黄庆勇　廖文伟　陈华均

一、案情介绍

2016年12月26日，中共中央、国务院印发并实施中共中央、国务院《关于稳步推进农村集体产权制度改革的意见》。广州市白云区系中央确定的农村改革试验联系点。白云区作为广东省唯一的特大城市辖区试点，启动了特大型村庄治理体制改革。其中，广州市白云区太和镇大源村（以下简称大源村）被列为主要的试点。大源村从2019年4月开始，全面启动农村集体产权制度改革，并聘请广东杰海律师事务所（以下简称杰海所）律师全程为大源村集体产权制度改革提供法律服务。

杰海所接受委托后，全程为大源村提供集体产权制度改革专项法律服务，服务内容包括：梳理法律法规及政策；制定调研方案，设计调查问卷；制定村民基础信息普查方案，实施普查工作；实施调查工作，收集调查结果；分析数据，形成大源村股份制改革调研报告；根据调研结果设定村集体经济组织成员身份界定条件，协助村集体经济组织完成成员身份审核工作；根据调研结果起草大源村股份制改革方案以及股份制章程；对股份制章程提出修改建议，完善股份制章程；协助大源村股份制章程的表决通过；为大源村提供股权证的文字记载样式参考；设立异议审查小组，对股东资格和股权异议人员进行审查和登记；解答法律咨询、依法提供建议；股份制改革的法律、政策解读。

在杰海所的法律服务下，大源村最终完成集体产权制度改革工作，并起到了很好的试点性作用，引领白云区各集体经济组织逐步开展集体产权制度改革。

二、法律分析

集体产权制度改革涉及广大村民的切身利益，该案件的焦点和难点集中在：①如何依法依规地确认成员资格；②如何公平、合理地配置股权；③如何做好股权配置后的管理。

农村集体经济组织集体产权制度改革，涉及广大村民切身利益，必须根据大源村实际情况依法依规开展股份制章程制定工作，需经过集体资产清产核资、法律法规政策宣传、摸底调研、征求意见、章程草拟、民主集中讨论修订、四议两公开、成员大会表决、股东资格异议审查、股东名单三榜公示、股权证发放、总结报告、制定股东和股权管理制度、档案管理制度等规范化流程，稳步推进股份合作改革工作。

三、处理过程

农村工作从来都不是一件易事，特别是涉及广大村民的切身利益。杰海所律师多次到大源村 23 个经济合作社，对村民普法讲法，了解他们的改革意愿和改革方向，对集体产权制度章程修改 30 余次，才能最终完成村民认可和合法合规的章程文本。在白云区政府、太和镇政府的指导和大力支持下，这项法律服务才能取得如此成功。

四、处理结果

大源村完成集体产权制度改革，制定股份合作制章程，并建立长期有效的股东和股权管理制度，纠正“重男轻女”观念，保障了农村妇女权益，“外嫁女”上访信访案件和行政确认、行政诉讼案件大幅度减少，大大降低了行政管理成本。

五、案例点评

杰海所律师全程跟进大源村集体产权集体改革工作，这个过程中我们深有体会，大源村集体产权制度改革工作有以下主要的特点。

1. 影响人数多，涉及范围广，难度大。该次集体产权集体改革，涉及村民接近10,000余人，而集体产权制度改革中的集体经营性资产分布在全村25km^2当中。集体产权制度改革既要尊重历史，又要兼顾现实；既要保障绝大部分人利益，又要防止大部分人利益侵害少部分人利益（如“外嫁女”保障问题）；既要落实群众自愿、民主决策的方针，又要纠正民过往“男女不平等”“民意大过法”等错误认识。

2. 专业性强、涉及法律面广。集体产权制度改革并没有专门的立法文件，而是散布在包括《村民委员会组织法》，《妇女权益保障法》，中共中央、国务院《关于稳步推进农村集体产权制度改革的意见》，《农民股份合作企业暂行规定》，农业部《关于印发〈农村集体资产清产核资资产所有权界定暂行办法〉的通知》，农业部《关于农村集体资产股份权能改革试点情况的通报》，《广东省农村集体经济组织管理规定》，《广东省实施〈中华人民共和国妇女权益保障法〉办法》，中共广东省委办公厅、广东省人民政府办公厅《转发〈省委农办、省妇联、省信访局关于切实维护农村妇女土地承包和集体收益分配权益的意见〉的通知》，广东省高级人民法院《关于审理农村集体土地出让、转让、出租用于非农业建设纠纷案件若干问题的指导意见》，广州市人民政府《关于规范农村集体经济组织管理的若干意见》，中共广州市委办公厅、广州市人民政府办公厅《关于完善“农转居”和“城中村”改造有关政策问题的意见》，中共广州市委办公厅、广州市人民政府办公厅《关于“城中村”改制工作的若干意见》等多部法律规定或行政法规当中。村居法律顾问在提供此类型法律服务过程中，必须全面掌握各项法律规定并熟练运用。

3. 导向性。大源村作为白云区农村集体产权制度改革的试点村，通过杰海所律师团队的专业服务，能很好完成集体产权制度改革工作。通过这项试点，白云区各集体经济组织开始全面聘请专业律师提供法律服务，稳步推进集体产权制度改革。

4. 新颖性。过往很少有律师服务于集体经济组织的集体产权制度改革全程。通过该次大源村试点改革，开创了农村集体经济组织聘请专业律师，服务集体产权制度改革全程的新局面，建立了集体经济组织聘请专业律师进行集体产权制度改革法律服务的风向标。

作为法律人，除了为当事人妥善解决纠纷，伸张冤屈外，普及法律知识，推动基层法治发展是村居法律顾问义不容辞的责任，我们在工作中亦感受到了自己的工作价值。我们亦希望法律界同行能够更多地服务于基层，推动思想再解放、改革再深入、工作再抓实，推进国家中心城市建设全面上新水平，为实现中华民族伟大复兴的中国梦做出新的更大贡献！

刑案二审该如何用心辩护

——胡某故意伤害罪二审案

广东纬韬律师事务所　刘淑娟

2020年年初，笔者受胡姓当事人的委托，为其被指控为故意伤害罪的二审提供法律帮助。后经过笔者向法院详细阅卷并向委托人仔细了解情况，发现该案无论是从伤情的鉴定还是案件的起因及委托人的反抗是否构成正当防卫都是可辩护的焦点，经过详细地引经据典提交法律辩论意见，二审法院终以证据不足为理由采纳了律师意见，撤销了一审判定当事人故意伤害罪的刑事判决，并发回原审法院重新审判。

一、案情介绍

（一）本来是一场非常有前途的培训，却莫名其妙被追打而惹上官司被判刑

2018年委托人胡某本来被公司派至广州市黄埔区的一家培训基地进行业务培训，如果不出意外，培训结束后胡某会被公司安排到更为重要的岗位工作。但与此同时另一家公司也在该培训基地安排了一些业务骨干进行业务培训，该公司的一张姓人员在食堂打饭时突然说委托人胡某有骂过他，胡某感觉被冤枉，与之理论后双方还产生了肢体冲突，这次冲突最后被双方的朋友劝和。

本以为事情已经告一段落，但其后的一天，委托人与张某又在培训基地的校门口相遇了。张某先对委托人胡某大骂，然后冲过来对胡某大打出手，胡某被迫边还手边退让，最后退到该培训基地附近的一条河涌边，如果再不

还手就得跳河，于是只能硬着头皮与张某正面发生肢体冲突。后来有人报警，司法鉴定结果说胡某将张某打成轻伤，胡某所在的公司替胡某向张某赔偿26,000元，胡某被一审法院判处管制一年。

（二）律师会见胡某时，胡某坚持认为自己个头小，没有能力打伤张某，且被迫还手

针对胡某的以上观点，笔者详细阅卷并向法院提出是否可实地考察案发过程是否有那么一条河，胡某是否被迫还手，鉴定机关对张某的伤有没有鉴定是旧伤还是新伤，如果是旧伤，其轻伤不是胡某所打的，胡某就是被冤枉的。

二、法律分析

1. 如果该案真的如胡某所说其是被张某冤枉的，案发时张某先动手，且将其逼到培训基地的河涌边被迫还手，该案很符合正当防卫的构成要件，如果正当防卫构成的要件成立，胡某即使造成张某轻伤也不负法律责任。根据《刑法》第二十条第一款的相关规定：为了使国家、公共利益、本人或者他人的人身、财产和其他权利免受正在进行的不法侵害，而采取的制止不法侵害的行为，对不法侵害人造成损害的，属于正当防卫，不负刑事责任。

2. 鉴于胡某一再认定张某的伤是旧伤，其弱小的身体根本伤不到张某，律师认为原一审法院判决胡某管制时所依据伤情鉴定结果可能有误，可依据《刑事诉讼法》第一百四十六条，要求司法鉴定结果重新鉴定张某的伤情。同时依据《司法鉴定程序通则》第三十一条的相关规定，可申请重新鉴定。

如果以上关于正当防卫和伤情是否旧伤的认定证据不充分，就会严重影响案件的判决结果，以上这两条是案件的突破口。

三、处理过程

笔者通过以上法律分析，进行了详尽的法律辩护。着重于以下几点的法律辩护：（1）该案的案发起因的过错不在胡某，而在于张某；（2）双方多次冲突都是由张某挑起的，且该案是张某先动的手；（3）该案中胡某是被

动防卫，如果胡某一味地退让，最终有可能掉到河涌里淹死，所以该案非常符合正当防卫的构成要件；（4）该案张某的伤情如果属旧伤，则不是胡某造成的，胡某显然亦无须承担刑事责任，所以该案重新进行伤情鉴定是必须的。笔者将辩论意见向法院提交的同时向法官助理又口头着重强调了该案的以上几点疑点。

四、处理结果

2020 年 12 月 18 日，广东省某法院出具该案的裁定书，法院经过全案的卷宗和上诉材料审查，听取了合议庭和辩护律师的意见，并亲自详细讯问了上诉人胡某的意见，认为：原判定认定上诉人胡某犯故意伤害罪的事实不清，证据不足，依照我国《刑事诉讼法》第二百三十六条的相关规定，裁定撤销广东省某人民法院的一审刑事判决书，并裁定发回原一审法院重新审判。

五、案例点评

现在刑事案件的二审一般不开庭审理，无论是律师还是当事人普遍有一个观点即二审维持一审的概率很大，所以经常对二审的结果不抱希望。在这种导向的背景下，作为辩护律师显然不能掉以轻心，必须认真阅卷并向当事人详细了解案发情况，针对法律焦点要敢于大胆提出符合法律规定及案件本身的观点。

因年代久远导致证据灭失时的应对处理

——钱甲与钱乙合伙协议纠纷案

广东正平天成律师事务所　李超杰

一、案情介绍

2006 年 9 月 22 日，钱甲与广州市××区××街××经济合作社签订了一份《土地租赁合同》，合同约定：××经济合作社将土名为“××”、面积共 2417.74m² 的土地出租给钱甲使用，租金为每月每 2.7 元/m²，租金每五年递增一次，每次递增 16%，租赁期从 2006 年 10 月 1 日至 2016 年 12 月 31 日共 10 年 3 个月。

2007 年至 2008 年年初左右，钱甲将上述案涉土地转租给周××经营饭店使用，租金为每月 8000 多元，直至上述案涉土地被征收。上述案涉土地于 2014 年左右开始启动征收程序，2016 年 11 月，钱甲收到××经济合作社转账过来的征地补偿费共计 1,588,691.10 元，其中承租人周××分得 1,250,000 元，钱甲分得 338,691.10 元。

2017 年 2 月 7 日，钱甲、钱乙在广州市××区××街××人民调解委员会的组织下进行了调解。钱乙在调解中表示：“我 2005 年与钱甲、张××合伙租赁××经济合作社的地，各占三分之一，我出资 1.5 万元左右，2005 年底我预支了 1.4 万元，对外经营管理由钱甲承担。2011 年我找钱甲对过数，钱甲说承租人欠钱，以后再算。2014 年该地被征收，补偿款 80 多万元，我一分也没有拿到。2015 年 7 月我找到社区进行调解，张××早已将股转给钱甲。”钱甲在调解中表示：“我们有合伙，但出资比例不是各占三分之一，另外钱乙于 2005 年拿钱是退股，现在的补偿款与他无关。”最终，钱甲、钱乙没有调解成功。

2018 年 10 月 10 日，钱乙向法院提起诉讼，请求法院判令钱甲向其支付合伙承包土地租金 96,000 元、补偿款 27 万元及利息损失 32,940 元（暂算）。

二、法律分析

1. 该案案由为合伙协议纠纷，钱乙与钱甲之间没有签订过书面的合伙协议或者任何其他书面材料，仅有 2017 年 2 月 7 日的调解笔录。该案争议的焦点主要为：（1）钱乙与钱甲之间是否存在合伙关系；（2）钱乙要求钱甲向其支付租金收益以及征收补偿款的主张是否有法律依据。

2. 根据我国《民法通则》第三十条规定，个人合伙是指两个以上公民按照协议，各自提供资金、实物、技术等，合伙经营、共同劳动。我国《民法典》第九百六十七条规定，合伙合同是两个以上合伙人为了共同的事业目的，订立的共享利益、共担风险的协议。第九百七十二条规定，合伙的利润分配和亏损分担，按照合伙合同的约定办理；合伙合同没有约定或者约定不明确的，由合伙人协商决定；协商不成的，由合伙人按照实缴出资比例分配、分担；无法确定出资比例的，由合伙人平均分配、分担。

3. 根据最高人民法院《关于适用〈中华人民共和国民事诉讼法〉的解释》第九十条的规定，当事人对自己提出的诉讼请求所依据的事实或者反驳对方诉讼请求所依据的事实，应当提供证据加以证明，但法律另有规定的除外。在作出判决前，当事人未能提供证据或者证据不足以证明其事实主张的，由负有举证证明责任的当事人承担不利的后果。

三、处理过程

1. 2018 年 10 月 10 日，××区人民法院依法立案受理了该案。在该案一审审理过程中，钱乙申请了张××（钱乙与钱甲 2017 年 2 月 7 日在人民调解委员会调解时所提及的另一合伙人张××）以及陆××出庭作证。张××的证言内容主要为“三人之间存在合伙关系，三人约定各承担盈亏的三分之一，承租的事务由钱甲处理。张××本人因急用钱于 2009 年退伙，合伙份额全部转让给了钱甲。当时钱乙没有退伙。案涉土地转租给周××时，口头谈过三人每人每月可分800元租金收益，但是实际上没有分配过租金收益”。此外，钱乙在庭后又补充了徐××等4人的证言，以证明其与钱甲之间存在合伙关系。

另外，钱甲申请了证人周××出庭，接受了法庭询问。周××的证言内容主要为“2007年年底至2008年年初从钱甲处承租了本案案涉土地，租金8000多元一个月。当时承租的是一块空地，地上的建筑物都是其本人盖的。案涉土地被征收时，其共分得了125万元”。

2019年1月8日，××区人民法院作出判决，判决被告钱甲于判决生效之日起5日内向原告钱乙支付合伙租金收益76,800元、征地补偿费112,897.03元，两项合计189,697.03元，并支付相应的利息。

2. 审判决后，钱甲不服并提起了上诉，广州市中级人民法院于2019年3月26日立案受理了该案。在二审中，钱甲申请了证人周××等2人出庭作证，以证明“钱乙在2005年年底时就已退伙”。2019年6月21日，广州市中级人民法院作出判决书，判决撤销××区人民法院作出的一审判决，驳回被上诉人钱乙的全部诉讼请求。

3. 其后，钱乙向广东省高级人民法院申请再审，2020年4月2日，广东省高级人民法院作出民事裁定书，裁定驳回了钱乙的再审申请。

四、处理结果

法院认定，钱乙所主张的“钱甲、钱乙、张××三人之间在2005年时建立合伙关系”成立，钱甲所主张的“2005年年底时钱乙已经取回了出资款，2005年年底时钱乙就已退伙”亦成立。法院最终判决，驳回钱乙要求钱甲向其支付租金收益、征地补偿费以及相关利息的诉讼请求。

五、案例点评

1. 个人合伙是指两个以上公民按照协议，各自提供资金、实物、技术等，合伙经营、共同劳动。无论是口头合伙协议还是书面合伙协议，均可成立合伙关系。但是，无论大家之间的关系多么好、多么亲，都建议合伙人之间在合作时签订书面的合伙协议，约定各方之间的权利义务关系。签订书面的合伙协议，可以尽量避免日后发生纠纷，即使发生纠纷亦能便于查明事实、厘清各方责任。

2. 在各方合伙合作的过程中，尽量保存好有关合伙事宜各方面的相关证据。合伙人之间应多沟通，如有争议及时提出，可通过协商、和解、调解等方式友好解决，处理不成亦可及时通过民事诉讼解决，以免造成错过诉讼时效或者年代久远、证据灭失致使法院难以查清事实真相的后果。

3. 在合伙事务中，无论是否有书面的合伙协议，在部分合伙人退伙时亦建议应采取书面协议的方式，妥善安排和具体约定合伙人退伙的各项相关事宜。此外，各合伙人之间的款项来往，应尽量避免使用现金支付的方式。

4. 根据法律规定，当事人对自己提出的诉讼请求所依据的事实或者反驳对方诉讼请求所依据的事实，应当提供证据加以证明，但法律另有规定的除外。在作出判决前，当事人未能提供证据或者证据不足以证明其事实主张的，由负有举证证明责任的当事人承担不利的后果。

5. 证人证言的证明力较低，在当事人存在重大争议的事实方面，不能单凭证人证言作为认定案件事实的定案依据。证人数量的叠加并不必然增加可信度，从理论上来讲，任何一个当事人均可能找到几个、几十个、甚至一百个以上的人来为其作证，并不是比拼谁提供的证人数量多谁就是对的一方。尤其是在某些年代久远、当事人之间各执一词、法院都已经无法彻底查清的一些自然事实上。

在该案中，钱乙主张2005年年底时取回出资款的行为只是“预支”合伙收益而不是退伙。但是，从2006年10月1日起钱甲才向××经济合作社承租案涉土地，在2007年年底左右才将案涉地块转租给周××，直至该案案涉土地于2016年左右被征收。在这长达十年的时间里，钱乙都没能提供任何能证明其在这段长达十年的期间内存在出资、参与经营管理、共同劳动、共同承担合伙盈亏等合伙行为的相关证据，与日常生活经验法则相悖。因此，二审法院对钱乙明显违背常理的主张不予采信，依法驳回了钱乙的全部诉讼请求。

如何理解运用“有利生产、方便生活、团结互助、公平合理”规则

——一宗相邻权纠纷引发的思考

广州金鹏律师事务所　李　强

一、案情介绍

原告林某甲与被告林某乙同为广东省广州市白云区某村的村民，二人的房屋西面相邻，建筑间距仅1米。2019年5月9日，被告林某乙委托被告刘某在距离原告房屋东面0.3米属林某乙自己的土地使用权范围内的地方修建围墙。该围墙的修建影响到原告林某甲作为经营出租屋房屋的采光、通风和排水。经原告林某甲多次劝阻和交涉，以及村委会调解未果，2019年6月1日原告诉讼至白云区人民法院，要求被告林某乙、刘某停止侵害、排除妨碍。笔者作为被告的代理律师参与案件。

二、法律分析

对原告的诉讼请求，依据原《民法通则》第八十三条“不动产的相邻各方，应当按照有利生产、方便生活、团结互助、公平合理的精神，正确处理截水、排水、通行、通风、采光等方面的相邻关系。给相邻方造成妨碍或者损失的，应当停止侵害，排除妨碍，赔偿损失”① 的规定以及案件实际地点的事实情况，被告林某乙和刘某构成侵害原告相邻权的认定是确定无疑的。问题在于，该如何对已建的围墙加以处理，既能维护和谐的邻里关系又

---

① 在《民法典》中相关内容被规定在第288条。

能让各方的损失降低到最低程度，平衡双方利益？

三、处理过程

原告主张将已经修建好的围墙予以拆除，即停止侵害，排除妨碍。理由是：两建筑物之间的距离仅 1 米，且原告的房屋比被告的房屋位置低，围墙修建后，相间距离仅 20 ~ 30 厘米，被告应当知道必定会影响原告采光、日照、通风。尔后被告继续修建，虽是在自己土地使用权范围，但属于民事权利滥用，由此造成的拆除该建筑物的损失应当由其自己承担。

被告则认为原告的请求会给自己带来严重的经济损失，也让自己的努力付诸东流，希望律师能组织适当程度的和解。

双方代理人也充分进行了沟通，向法院表达了愿意调解的意愿。

四、处理结果

后经法院组织调解，双方律师亦向各自当事人释明了法律规定与可采取的方式。依据原《民法通则》第八十三条①和该案的具体情况，从当事人双方利益损失的角度来说，不必对已经修建好的围墙进行拆除，可以采取补偿的方式。被告给出了补偿方案，一方面被告可以通过对围墙的改造让原告达到通风、采光的目的，另一方面也一次性补偿原告一定的经济利益。双方达成了一致意见以和解告结。

案件并不复杂，但处理方式却很关键。如果依照原告诉请强行拆除，势必激化双方的矛盾，扩大实际损失，不利于村民间的互相团结。而后续的和解方案既能维护和谐的邻里关系又能让各方的损失降至最低，这样的处理方式是非常可取的。

五、案例点评

随着社会的高速发展，土地资源的有限性和不可再生性与人们对通行、采光、日照、通风等住宅环境要素重视程度的不断提升形成矛盾。通行、采

---

① 在《民法典》中相关内容被规定在第 288 条。

光、日照、通风纠纷频繁发生，相关案件呈上升趋势，该问题正逐渐成为急需解决的社会问题之一。面对案件如何有效地发挥村居法律顾问或者律师的相关作用，维护和谐的邻里关系，是非常棘手的课题，特别是依据现行有限的法律，在不断涌现的新类型案件中，采取何种救济原则、何种民事救济方式更符合个案处理的需求，从而达到调解纷争的目的，是我们需要认真思考并推动的。

在案件发生时适用的民事立法方面，原《民法通则》《物权法》都对相邻关系上的通行、采光、日照、通风、排水等问题的民事救济作了比较原则性的规定，在司法实务上缺乏操作性。原《民法通则》第八十三条规定："不动产的相邻各方，应按照有利生产、方便生活、团结互助、公平合理的精神，正确处理截水、排水、通行、通风、采光等方面的相邻关系。给相邻方造成妨碍或损失的，应当停止侵害，排除妨碍，赔偿损失。"① 原《物权法》第八十四条规定："不动产的相邻权利人应当按照有利生产、方便生活、团结互助、公平合理的原则，正确处理相邻关系。"② 第八十五条规定："法律、法规对处理相邻关系有规定的，依照其规定；法律、法规没有规定的，可以按照当地习惯。"③ 第八十九条规定："建造建筑物，不得违反国家有关工程建设标准，妨碍相邻建筑物的通风、采光和日照。"④

由此可见，我国法律在处理有关相邻方采光、日照权益人在遭受妨害时的救济措施是权益人可依法主张"停止侵害请求权"、"排除妨害请求权"和"赔偿损失请求权"。也就是说，在处理采光、日照、通风纠纷的救济方式上，按照目前法律规定，权益人可向人民法院主张"停止侵害请求权"、"排除妨害请求权"和"赔偿损失请求权"。这三种民事请求权中，笔者认为，应当充分考虑实际案情，结合经济利益和社会价值方面考量，兼具降低损失和平衡社会利益方面去采取恰当的选择。尤其在主张停止侵害请求时，往往拆除的成本和侵权人的损失远远大于受害不动产权利人的赔偿需求。这

---

① 在《民法典》中相关内容被规定在第288条。
② 在《民法典》中相关内容被规定在第288条。
③ 在《民法典》中相关内容被规定在第289条。
④ 在《民法典》中相关内容被规定在第293条。

个问题，对指导我们当前正确处理有关相邻权纠纷提出了新的思路，应当认真进行思考。案件发生后，作为相邻的双方，无论案件怎样处理，处理的结果是什么，相邻关系始终存在。保持友好的相邻关系，维持社会的稳定性，始终是法律调整的最终目的。

此外，赔偿损失或者补偿的标准这一问题在我国现行法律框架上亦没具体规定，应当在具体案件以及众多案例当中去总结。以经济补偿结合合理改造、控制使用的案件处理方式，是法律人可以认真考虑并推动的，这也更符合法律规定“有利生产、方便生活、团结互助、公平合理”的处理方式的精神内核。

“信用卡诈骗”案件中银行应承担何种责任

——戚某与某银行储蓄存款合同纠纷案

广东君信律师事务所　杨高峰

一、案情介绍

广州市从化区良口镇良某村村民戚某于2003年5月6日在中国建设银行股份有限公司广州某支行营业室同时办理存折和龙卡（储蓄卡），截至2015年8月31日存款余额为14万余元。后经人寿保险业务人员电话通知缴费扣款失败，才查询得知存款被他人几乎全部盗取，遂于2016年9月28日向广州市公安局从化区分局经侦大队报警，该局于2016年10月9日决定以“信用卡诈骗”立案侦查，但出于客观原因案件一直未破案，且被骗款项至今未被追回。

2017年年初，戚某向法院提起诉讼，请求法院判令中国建设银行股份有限公司广州某支行赔偿原告戚某杭存款损失。

二、法律分析

1. 该案案由为储蓄存款合同纠纷。该案争议的焦点主要为：戚某与某银行双方对被诈骗损失的过错责任问题。

2. 根据最高人民法院《关于适用〈中华人民共和国民事诉讼法〉的解释》第九十条的规定，当事人对自己提出的诉讼请求所依据的事实或者反驳对方诉讼请求所依据的事实，应当提供证据加以证明，但法律另有规定的除外。在作出判决前，当事人未能提供证据或者证据不足以证明其事实主张的，由负有举证证明责任的当事人承担不利的后果。

3.《民法典》第一千一百七十条规定：二人以上实施危及他人人身、财产安全的行为，其中一人或者数人的行为造成他人损害，能够确定具体侵权人的，由侵权人承担责任；不能确定具体侵权人的，行为人承担连带责任。

三、处理过程

1. 2017 年年初，从化区人民法院依法立案受理了该案。在该案一审审理过程中，某银行提供了取款过程中的全部电子资料，发现罪犯使用戚某已经过期作废的身份证转账取款和消费，对此银行并未进行有效识别。

2017 年从化区人民法院作出判决，判决被告某银行赔偿原告戚某存款损失 14 万余元。某银行服判未上诉，该判决已经发生法律效力。

四、处理结果

法院认定，罪犯使用戚某已经过期作废的第一代身份证转账取款，某银行未严格履行存款保管责任，导致存款损失，某银行存在过错，应当承担赔偿责任。法院最终判决，某银行赔偿戚某的存款全部损失 14 万元。

五、案例点评

1. 存款人须妥善保管好银行存折（卡）和交易密码。

2. 存款人不要轻信各种垃圾信息和短信，转账需谨慎，不断提高防骗技能。

3. 存款人一旦遭遇到诈骗，须第一时间向公安机关报警求助，并保全证据。

4. 根据法律规定，当事人对自己提出的诉讼请求所依据的事实或者反驳对方诉讼请求所依据的事实，应当提供证据加以证明，但法律另有规定的除外。在作出判决前，当事人未能提供证据或者证据不足以证明其事实主张的，由负有举证证明责任的当事人承担不利的后果。

如何正确适用特别程序，破解残疾人维权难题

——申请A某为无民事行为能力案

广东华宪润科律师事务所　杨　杨

残疾人是一个需要全社会投入更大精力去关心和帮助的群体，而在为残疾人提供法律服务过程中，如何能够既最大限度为残疾人及其家属提供便利，又确保依法依规，则是法律人士需要重点把握的关键点。

一、案情介绍

2020年5月，番禺区化龙镇A某的太太B某来到番禺区法律援助处，向工作人员反映：其丈夫A某与A某的弟弟因继承母亲的遗产发生纠纷，A某是残疾人（二级）。因此，B某以A某的名义申请法律援助，请求法律援助处指派杨杨律师担任A某的代理人起诉A某的弟弟。番禺区法律援助处接受了该申请，同时指派杨杨律师代理该案件。

接受指派后，杨律师认真研究分析了法律援助处转交的相关材料，发现B某提交的A某的残疾人证上仅显示A某的残疾类别是肢体，残疾等级是贰级，联系人是B某。也就是说，该残疾证未能反映A某的民事行为能力状况，同时，也未能反映出B某就是A某的监护人。那么，A某的民事行为能力到底是怎样呢？该由谁来启动其与弟弟因继承母亲的遗产而产生的诉讼呢？这些问题需要明确答案，即只有确定了A某的民事行为能力问题，才能最终确定B某是否有权代A某向法律援助处申请，并代表A某向法院提起诉讼的问题。

二、法律分析

1. 鉴于A某仅是肢体贰级残疾，如果他是完全民事行为能力人，则其完全可以根据自己的意愿去独立实施民事法律行为，当其与自己的弟弟因继承母亲的遗产发生纠纷时，其可以个人名义直接向番禺区法律援助处申请法律援助，也可以书面授权其配偶B某向番禺区法律援助处递交申请。遗憾的是，在该案中，A某没有直接到番禺区法律援助处，更没有书面授权给他的太太B某向法律援助处提出申请。因此，难以认定B某代表A某向法律援助处提交的申请是否为A某的真实意思表示。

2. 如果A某是无民事行为能力人或者限制民事行为能力人，鉴于A某已经是成年人，则A某需要其法定代理人代理其实施民事法律行为，或者其实施的民事法律行为需要其法定代理人同意或者追认。但是，在该案中，B某提交的A某残疾人证未能得出A某是无民事行为能力人或者限制民事行为能力人的结论，B某作为A某的配偶以A某的名义向番禺区法律援助处提交申请的行为效力存在疑问。而认定A某为无民事行为能力人或者限制民事行为能力人就需要家属委托具有法定资质的鉴定机构对A某的民事行为能力进行鉴定，然后通过法院特别程序进行宣告。

三、处理过程

为了核实A某的实际情况，杨律师于2020年6月初到了A某的家里。在那里，杨律师看到A某在地上爬行，无法正常坐立，且无法正常交流，杨律师遂要求A某的太太B某提供更多有关A某的资料。根据B某在现场提交的资料显示，A某于2007年1月因突发中风在番禺区人民医院住院治疗，出院后诊断为左侧基底节脑出血，高血压病3级，极高危组。2008年2月，A某因中风后身体活动不方便而吃老鼠药自杀，并送往广州市番禺区何贤纪念医院治疗，出院诊断为老鼠药中毒，脑出血后遗症，高血压病。2016年4月，A某因外出发生道路交通事故，出院后诊断为右侧额颞叶以及左颞脑挫裂伤出血，创伤性网膜下腔出血、高血压病、左侧基底节出血后遗症。看了A某的实际表现，同时又结合A某的病历资料，杨律师对A某的民事行为能力产生疑问，认为要处理好该案件，需要家属委托具有法定资质的鉴定机构对 A 某的民事行为能力进行鉴定。如果鉴定机构认定 A 某是无民事行为能力人或者限制民事能力人，则需要 A 某的家属向法院启动特别程序申请认定 A 某是无民事行为能力或者限制民事行为能力人，同时指定监护人。杨律师将自己的意见与 A 某的家属进行充分的沟通，并向番禺区法律援助处领导汇报，最终他们一致同意采纳杨律师的建议。2020 年 10 月 7 日，中山大学法医鉴定中心根据 A 某家属的申请，到 A 某的家里对 A 某的精神状态与民事行为能力进行鉴定。该鉴定中心于 2020 年 11 月 17 日作出司法鉴定意见书，认定 A 某患器质性精神障碍（器质性智能损害），目前无民事行为能力。2020 年 12 月，B 某向广州市番禺区人民法院提出《宣告 A 某无民事行为能力申请书》，要求法院宣告 A 某为无民事行为能力人，同时指定 B 某作为 A 某的监护人。

四、处理结果

2021 年 4 月，番禺区人民法院经审理后认为，根据 B 某的陈述以及中山大学法医鉴定中心出具的司法鉴定意见书，B 某要求宣告 A 某为无民事行为能力人并确认 B 某为 A 某监护人的申请，有事实与法律依据，最终判决 A 某为无民事行为能力人，同时指定 B 某为 A 某的监护人。

2021 年 8 月，B 某作为 A 某的法定代理人向番禺区人民法院提起诉讼，要求解决 A 某与其弟弟之间的遗产继承纠纷。番禺区法律援助处指派杨律师作为 A 某的诉讼代理人处理该案件。番禺区人民法院经审理于 2022 年 5 月 23 日作出一审判决，完全支持 A 某一方的诉讼请求，维护了 A 某的合法权益。针对该民事判决，各方当事人都没有上诉，该判决在 2022 年 9 月 20 日发生法律效力。

五、案例点评

积极参与办理法律援助案件是每一位村（社区）法律顾问的一项基本职责，同时也是律师践行社会责任的重要体现。在该案中，作为村（社区）法律顾问的杨律师，他以专业、细心和敬业的态度去办理该法律援助案件，通过对 A 某的民事行为能力的质疑入手，引导家属向法医鉴定结构提出对 A 某的民事行为能力进行鉴定的申请，最终通过法院判决宣告了 A 某为无民事行为能力，同时指定 A 某的配偶 B 某作为监护人。这就解决了 B 某作为监护人代理 A 某起诉 A 某弟弟的遗产继承纠纷一案的程序合法性问题。

附录

"两委"换届常见法律问题50问

为有利于广大律师全面了解和熟悉村（社区）"两委"换届的业务流程及相关法律法规，提高广大律师服务村（社区）"两委"换届的服务质量和服务水平，在收集、掌握村（社区）"两委"换届常见法律问题基础上，根据《村民委员会组织法》《城市居民委员会组织法》《广东省实施〈中华人民共和国村民委员会组织法〉办法（2012修订）》《广东省村民委员会选举办法（2020修订）》等相关规定，现编写村（社区）"两委"换届常见法律问题问答，供广大律师参考。

1. 村民委员会的组成人员?

《广东省实施〈中华人民共和国村民委员会组织法〉办法（2012修订）》第七条规定：

"村民委员会由主任、副主任和委员共三至七人组成，村民委员会成员之间不得有夫妻、父母子女、兄弟姐妹关系。

村民委员会成员中应当至少有一名妇女成员，多民族村民居住的村应当有人数较少的民族的成员；两个以上自然村联合设立村民委员会的，其成员分布应当考虑村落状况。"

《广东省村民委员会选举办法（2020修订）》第二条规定：

"村民委员会由主任、副主任和委员共三至七人组成，各村的具体职数由村民会议或者村民代表会议提出方案，报乡、民族乡、镇人民政府批准，并报不设区的市、市辖区、县、自治县人民政府主管部门备案。

村民委员会成员中应当至少有一名妇女成员；多民族村民居住的村应当

有人数较少的民族的成员；两个以上自然村联合设立村民委员会，其成员分布应当考虑村落状况。

村民委员会成员之间不得有近亲属关系。”

2. 村民委员会每届任期多久？

《广东省村民委员会选举办法（2020 修订）》第四条规定：

“村民委员会每届任期五年，届满应当及时进行换届选举。村民委员会成员可以连选连任。因特殊情况需要提前或者延期换届的，由村民委员会提出申请，经村民会议或者村民代表会议讨论通过后，由乡、民族乡、镇人民政府报不设区的市、市辖区、县、自治县人民政府批准。”

3. 村民委员会换届选举工作指导小组具体负责什么工作？

《广东省村民委员会选举办法（2020 修订）》第八条规定：

“村民委员会换届选举期间，不设区的市、市辖区、县、自治县和乡、民族乡、镇应当成立村民委员会换届选举工作指导小组，指导村民委员会换届选举工作。（备注：解答中加入了该条的第一款，让回答更加完整）

换届选举工作指导小组具体负责下列工作：

（一）宣传和执行村民委员会换届选举的法律、法规和政策；

（二）部署和监督村民委员会换届选举工作，引导村民依法进行换届选举；

（三）制定换届选举工作方案，指导和督促村民选举委员会制定换届选举实施方案；

（四）监督、指导选票的印制、保管工作；

（五）指导帮助村民选举委员会对村民委员会成员候选人资格和所得票数符合当选要求者的资格进行审查；

（六）做好选举观察工作，培训换届选举工作人员；

（七）依法受理和处理与村民委员会换届选举有关的投诉、举报等问题，做好有关换届选举的信访工作；

（八）督促、指导和协助村民委员会完成工作移交；

（九）统计汇总本行政区域村民委员会换届选举工作情况，指导建立健全选举工作档案；

（十）依法承办村民委员会换届选举工作中的其他事项。”

4. 村民选举委员会的组成人员？

《广东省村民委员会选举办法（2020修订）》第九条第一款规定：

“村成立村民选举委员会，负责主持村民委员会的选举工作。村民选举委员会由主任、副主任和委员共七人、九人或者十一人组成。”

5. 村民选举委员会进行议事，实行什么原则？

《广东省村民委员会选举办法（2020修订）》第十条规定：

“村民选举委员会成员的分工可以通过内部协商或者投票决定，并向全体村民公布，同时报乡、民族乡、镇村民委员会换届选举工作指导小组备案。

村民选举委员会议事实行少数服从多数的原则。”

6. 村民选举委员会成员在选举期间多少次无正当理由不参加村民选举委员会会议的，其职务自行终止？

《广东省村民委员会选举办法（2020修订）》第十二条第一款规定：

“村民选举委员会成员在选举期间无正当理由三次不参加村民选举委员会会议的，其职务自行终止。”

7. 村民选举委员会履行什么职责？

《广东省村民委员会选举办法（2020修订）》第十一条规定：

“村民选举委员会履行下列职责：

（一）开展宣传动员工作，解答村民提出的有关选举的问题；

（二）制定本村换届选举工作实施方案，经村民会议或者村民代表会议通过，报乡、民族乡、镇村民委员会换届选举工作指导小组备案后公告；

（三）确定、公布选举方式、选举日和日程安排，准备村民委员会成员候选人提名表、选票和其他表格；

（四）培训监票人、计票人、唱票人、公共代写人等工作人员；

（五）审查、登记并公布登记参加选举的村民名单，处理村民对登记参加选举的村民名单有异议的申诉；

（六）审查村民委员会成员候选人资格，依法确定、公布候选人名单，审查所得票数符合当选要求者的资格；

（七）组织投票选举，公布选举结果，并报乡、民族乡、镇村民委员会换届选举工作指导小组备案；

（八）总结和上报选举工作情况，建立健全选举工作档案；

（九）主持村民委员会的工作移交。”

8. 村民委员会选举中，村民享有选举权和被选举权的年龄？

《广东省村民委员会选举办法（2020 修订）》第十三条规定：

“年满十八周岁的村民，依照法律规定享有选举权和被选举权。

计算村民年龄的截止时间为本村的选举日。”

9. 村民委员会选举前，应当进行登记并列入参加选举的村民名单的人员有哪些？

《广东省村民委员会选举办法（2020 修订）》第十四条第一款：

“村民委员会选举前，应当对下列人员进行登记，列入参加选举的村民名单：

（一）户籍在本村并且在本村居住的村民；

（二）户籍在本村，不在本村居住，本人表示参加选举的村民；

（三）户籍不在本村，在本村居住或者工作一年以上，本人申请参加选举，并经村民会议或者村民代表会议同意参加选举的公民。”

10. 经村民选举委员会确认，不列入参加选举的村民名单的情形?

《广东省村民委员会选举办法（2020修订)》第十五条规定：

“有下列情形之一的，经村民选举委员会确认，不列入参加选举的村民名单：

（一）依照法律被剥夺政治权利的；

（二）因精神疾病或者智力残疾等原因无法行使选举权利的；

（三）本人书面明确表示不参加选举的；

（四）登记期间不在本村居住，村民选举委员会依法告知后，在规定期限内未表示参加选举的。”

11. 村民选举委员会公布登记参加选举的村民名单是如何规定的?

《广东省村民委员会选举办法（2020修订)》第十六条第一款规定：

“村民选举委员会应当在选举日二十日前在村民委员会和各村民小组所在地公布登记参加选举的村民名单。”

12. 因故不能如期进行村民委员会选举的，应当如何处理?

《广东省村民委员会选举办法（2020修订)》第十七条规定：

“因故不能如期进行选举，由村民选举委员会提请村民会议或者村民代表会议审议，另行确定选举日，并报乡、民族乡、镇村民委员会换届选举工作指导小组备案。推迟时间不得超过三个月。推迟选举的，应当核实登记参加选举的村民名单的变动情况，并予以公告。”

13. 村民委员会选举，实行什么类型的选举?

《广东省村民委员会选举办法（2020修订)》第十八条规定：

“选举村民委员会，实行有候选人差额选举。”

14. 村民委员会成员需要具备什么条件？

《广东省村民委员会选举办法（2020 修订）》第十九条规定：

“村民委员会成员一般具备以下条件：

（一）拥护中国共产党的领导；

（二）遵守宪法、法律、法规和政策；

（三）遵守村民自治章程和村规民约；

（四）品行良好，公道正派，热心公益；

（五）有一定的组织管理能力，工作认真负责，能够在本村工作并带头促进农村经济社会发展；

（六）具有初中以上学历，具备正常履行职责的身体条件，新任的村民委员会成员具有高中以上学历或者相当文化程度。”

15. 登记参加选举的村民如何成为村民委员会成员候选人？

《广东省村民委员会选举办法（2020 修订）》第二十条规定：

“登记参加选举的村民可以推荐或者自荐村民委员会成员候选人，并在选举日十五日前向村民选举委员会提交推荐或者自荐材料。农村基层党组织可以提出候选人建议人选，并在选举日十五日前向村民选举委员会提交建议人选材料。

村民选举委员会应当在选举日十日前在村民委员会和各村民小组所在地以姓名笔画为序公布村民委员会成员候选人推荐、自荐和建议名单。”

16. 村民选举委员会公布正式候选人名单有何要求？

《广东省村民委员会选举办法（2020 修订）》第二十三条规定：

“村民选举委员会确认提名有效并在不设区的市、市辖区、县、自治县和乡、民族乡、镇村民委员会换届选举工作指导小组指导帮助下进行资格审查后，应当在选举日五日前在村民委员会和各村民小组所在地以姓名笔画为序公布正式候选人名单。

本人不愿意被列为候选人的，应当自名单公布之日起两日内向村民选举委员会书面说明。候选人的缺额按照提名得票多少的顺序依次递补。”

17. 村民委员会成员候选人宣传和介绍自己有何规定?

《广东省村民委员会选举办法（2020 修订）》第二十四条规定：

“村民选举委员会应当组织候选人在指定场所与村民见面，由候选人介绍履行职责的设想，回答村民提出的问题。但选举日必须停止此项活动。

候选人在宣传和介绍自己时，应当实事求是，不得违反法律、法规和政策。有关主要内容应当事先书面提交村民选举委员会备案。”

18. 村民委员会主任、副主任和委员的选举顺序是如何确定?

《广东省村民委员会选举办法（2020 修订）》第二十五条规定：

“村民委员会的选举可以一次性投票选举主任、副主任和委员；也可以先选主任，再选副主任，最后选委员。

分次投票选举村民委员会成员的，主任候选人未当选时，可以作为副主任的候选人；副主任候选人未当选时，可以作为委员的候选人。”

19. 投票选举前，村民选举委员会应当做好哪些准备工作?

《广东省村民委员会选举办法（2020 修订）》第二十六条规定：

“投票选举前，村民选举委员会应当做好下列准备工作：

（一）核实登记参加选举的村民人数，办理委托投票，公布名单；

（二）提前五日公布投票选举的具体时间、地点和有关安排；

（三）准备票箱和选票，布置选举大会会场，设立投票站，在乡、民族乡、镇人民政府统一印制的选票上加盖本村村民选举委员会印章；

（四）提请村民会议或者村民代表会议决定监票人、计票人、唱票人、公共代写人等工作人员名单，并予以公布，村民委员会成员候选人及其近亲属不得担任选举工作人员；

（五）向村民公布或者说明写票方法和其他选举注意事项；

（六）完成村选举工作实施方案规定的其他准备事项。”

20. 村民委员会选举中投票站和票箱有何规定?

《广东省村民委员会选举办法（2020 修订）》第二十七条规定：

“在村民选举委员会主持下，投票选举可以采取召开选举大会的方式，也可以采取设立中心投票站和分投站的方式。

居住分散、确实不便到会场或者投票站投票的，经村民选举委员会提出，报乡、民族乡、镇村民委员会换届选举工作指导小组批准并公告后，可以设立流动票箱进行投票。

票箱应当符合安全、保密的要求。每个票箱必须有三名以上监票人负责监督。”

21. 村民委员会选举中是否可以委托投票？有何规定?

《广东省村民委员会选举办法（2020 修订）》第二十八条规定：

“登记参加选举的村民在选举期间外出不能参加投票的，可以书面委托本村有选举权的近亲属代为投票，但每一村民接受委托投票不得超过三人。

委托投票应当自登记参加选举的村民名单公布之日起六日内到村民选举委员会办理，村民选举委员会应当对委托投票的村民进行审核，并在两日内在村民委员会和各村民小组所在地予以公告。”

22. 村民委员会选举中，选民如何投票和写票?

《广东省村民委员会选举办法（2020 修订）》第二十九条规定：

“村民委员会选举采取无记名投票方式，选举会场和投票站必须设立秘密写票处。因特殊原因无法填写选票的村民，可以委托公共代写人或者除候选人以外的人代写，代写人不得违背委托人的意愿。

登记参加选举的村民和代写人进入秘密写票处写票，其他人不得围观；任何人不得亮票、拍摄选票或者在选票上做记号。

投票选举时，对候选人可以投赞成票，可以投反对票，可以投弃权票，也可以另选其他村民。”

23. 村民委员会选举投票结束后，监票计票有什么流程？

《广东省村民委员会选举办法（2020修订）》第三十条规定：

“投票结束后，每个票箱应当当场密封，并于当日由监票人送回选举大会会场或者中心投票站集中，当众开箱，由监票人、计票人、唱票人公开核对、计算票数，做好记录，并由监票人签名确认。”

24. 村民委员会选举中，收回选票数多于发出选票数的，如何处理？

《广东省村民委员会选举办法（2020修订）》第三十一条第一款规定：

“有登记参加选举的村民过半数参加投票，且收回选票数等于或者少于发出选票数的，选举有效；收回选票数多于发出选票数的，选举无效。”

25. 确定村民委员会候选人当选的原则是什么？

《广东省村民委员会选举办法（2020修订）》第三十二条规定：

“村民委员会成员候选人或者本村其他登记参加选举的村民获得参加投票的村民的过半数赞成票，始得当选。主任、副主任的当选人按照得票多少的顺序确定。主任、副主任的当选人中有妇女的，委员的当选人按照得票多少的顺序确定；没有妇女的，委员的当选人按照下列原则确定：

（一）有妇女获得过半数赞成票的，应当首先确定得票最多的妇女当选，其他当选人按照得票多少的顺序确定；

（二）没有妇女获得过半数赞成票的，应当在委员的应选名额中确定一个名额另行选举妇女成员，其他当选人按照得票多少的顺序确定。

得票数相同不能确定当选人时，应当在三日内对得票数相同的人再次投票选举，以得票多的当选。

当选人数不足应选名额的，不足的名额应当另行选举。”

26. 当选的村民委员会成员之间有近亲属关系的如何处理？

《广东省村民委员会选举办法（2020修订）》第三十三条规定：

“当选的村民委员会成员之间有近亲属关系的，只保留其中职务最高的一人的职务；如果职务相同，则只保留得票最多的一人的职务，其他当选人由村民选举委员会宣布其当选无效。”

27. 村民委员会选举中不得做的行为有哪些？向哪个机关举报违法行为？

《广东省村民委员会选举办法（2020修订）》第三十六条规定：

“任何组织和个人不得有下列行为：

（一）以暴力、威胁、欺骗、诽谤等手段致使村民、候选人不能依法行使选举权和被选举权；

（二）用金钱收买或者其他手段贿赂村民、候选人或者选举工作人员；

（三）涂改、伪造选票或者虚报选票数；

（四）妨害村民选举委员会和选举工作人员履行职责。

村民对前款所列情形有权向乡、民族乡、镇村民委员会换届选举工作指导小组，乡、民族乡、镇人民代表大会和人民政府，不设区的市、市辖区、县、自治县人民代表大会常务委员会和人民政府及其有关主管部门举报，有关机关应当负责调查并依法处理。”

28. 谁可以提出罢免村民委员会成员的要求？

《广东省村民委员会选举办法（2020修订）》第四十条规定：

“本村五分之一以上有选举权的村民或者三分之一以上的村民代表联名，可以提出罢免村民委员会成员的要求。罢免要求应当书面提出，并列明罢免理由。”

29. 村民委员会对罢免要求或者建议如何处理？有何规定？

《广东省村民委员会选举办法（2020修订）》第四十二条规定：

“对提出的罢免要求或者罢免建议，村民委员会应当在三十日内召开村民会议进行无记名投票表决。罢免村民委员会成员，须有登记参加选举的村民过半数投票，并须经投票的村民过半数通过，罢免结果应当予以公告。罢免村民委员会成员不得实行委托投票。

罢免村民委员会主任或者全体村民委员会成员的，应当在不设区的市、市辖区、县、自治县人民政府主管部门和乡、民族乡、镇人民政府的指导下，由重新推选产生的村民选举委员会主持。”

30. 哪些情形下，乡、民族乡、镇人民政府可以提出建议罢免村民委员会成员?

《广东省村民委员会选举办法（2020 修订）》第四十一条规定：

“村民委员会成员有下列情形之一的，乡、民族乡、镇人民政府可以提出罢免建议：

（一）违反法律、法规和政策，不适合继续担任村民委员会成员的；

（二）失职渎职造成村民利益重大损失的；

（三）连续三个月以上无正当理由不参加村民委员会工作的。”

31. 哪些情形下，村民委员会成员职务自行终止?

《广东省村民委员会选举办法（2020 修订）》第四十五条规定：

“村民委员会成员有下列情形之一的，其职务自行终止：

（一）死亡的；

（二）被判处刑罚的；

（三）丧失行为能力的；

（四）连续两次民主评议不称职的。

村民委员会成员职务自行终止的，村民委员会应当予以公告，并报乡、民族乡、镇人民政府备案。”

32. 在村民委员会选举中，由上一级人民政府责令改正，对直接责任人给予处分的行为有哪些?

《广东省村民委员会选举办法（2020 修订）》第四十七条规定：

“有下列行为之一的，由上一级人民政府责令改正，对直接责任人给予处分：

（一）指定村民委员会成员候选人的；

（二）指定、委派或者撤换村民委员会成员的；

（三）无正当理由不组织或者拖延村民委员会换届选举的；

（四）以不正当手段妨害村民委员会成员履行职责的。”

33.《广东省村民委员会选举办法（2020修订）》中所称的近亲属是哪些？

《广东省村民委员会选举办法（2020修订）》第五十二条规定：

“本办法所称近亲属包括配偶、父母、子女、兄弟姐妹、祖父母、外祖父母、孙子女、外孙子女。”

34. 村民委员会主任、副主任暂缺时如何处理？

《广东省实施〈中华人民共和国村民委员会组织法〉办法（2012修订）》第十六条规定：

“村民委员会主任暂缺时，由副主任临时主持工作；主任、副主任都暂缺时，由村民代表会议在现任委员中推选临时主持工作人选，报镇（乡）人民政府同意后，由其主持工作。

村民委员会全体成员集体辞职时，由中国共产党在农村的基层组织临时主持村务工作，按照《广东省村民委员会选举办法》的规定选举新的村民委员会成员。”

35. 村民选举村民小组长是否可以委托投票？有何规定？

《广东省实施〈中华人民共和国村民委员会组织法〉办法（2012修订）》第十八条规定：

“村民不能参加推选村民小组长会议的，可以书面委托本村民小组有选举权的近亲属代为投票，但每一村民接受委托投票不得超过三人。采用户的代表投票的，户与户之间不能委托投票。

村民小组长的推选一般不使用流动票箱。”

36. 如何提出罢免村民小组长？

《广东省实施〈中华人民共和国村民委员会组织法〉办法（2012修订）》第十九条规定：

“村民小组五分之一以上十八周岁以上的村民或者三分之一以上的户的代表，可以向村民委员会提出罢免本村民小组长的要求。罢免要求应当书面提出，并列明罢免理由。村民委员会应当受理并在三十日内召开村民小组会议或者户代表会议进行无记名投票表决，并在村民小组会议后五日内公告决定。”

37. 村民会议行使哪些职权？

《村民委员会组织法（2018修正）》第二十三条规定：

“村民会议审议村民委员会的年度工作报告，评议村民委员会成员的工作；有权撤销或者变更村民委员会不适当的决定；有权撤销或者变更村民代表会议不适当的决定。

村民会议可以授权村民代表会议审议村民委员会的年度工作报告，评议村民委员会成员的工作，撤销或者变更村民委员会不适当的决定。”

《村民委员会组织法（2018修正）》第二十四条规定：

“涉及村民利益的下列事项，经村民会议讨论决定方可办理：

（一）本村享受误工补贴的人员及补贴标准；

（二）从村集体经济所得收益的使用；

（三）本村公益事业的兴办和筹资筹劳方案及建设承包方案；

（四）土地承包经营方案；

（五）村集体经济项目的立项、承包方案；

（六）宅基地的使用方案；

（七）征地补偿费的使用、分配方案；

（八）以借贷、租赁或者其他方式处分村集体财产；

（九）村民会议认为应当由村民会议讨论决定的涉及村民利益的其他

事项。

村民会议可以授权村民代表会议讨论决定前款规定的事项。

法律对讨论决定村集体经济组织财产和成员权益的事项另有规定的，依照其规定。”

《广东省实施〈中华人民共和国村民委员会组织法〉办法（2012 修订）》第二十四条规定：

“村民会议行使下列职权：

（一）制定和修改本村村民自治章程、村规民约，并报镇（乡）人民政府备案审查；

（二）依法选举、罢免和补选村民委员会成员，审议决定村民委员会成员的辞职请求；

（三）听取、审查和批准村民委员会的工作报告、财务收支计划和执行情况报告，审议决定本村建设规划、经济和社会发展规划及年度计划；

（四）审议决定本村集体经济项目的立项、承包方案，决定从村集体经济所得收益的使用；

（五）审议决定本村公益事业的兴办和筹资筹劳方案及建设承包方案；

（六）审议决定集体所有土地的征收征用以及各项补偿费的使用和宅基地的分配方案；

（七）决定聘用或者辞退本村财会人员和其他村务管理人员，决定本村聘用人员和享受补贴人员的报酬标准；

（八）审议村民委员会主要负责人任期经济责任审计报告，听取村务监督委员会工作报告，评议村民委员会成员的工作；

（九）撤销或者变更村民代表会议、村民委员会、村民小组会议不适当的决议、决定；

（十）审议决定村民会议认为应当由其决定的涉及村民利益的其他事项。

法律对讨论决定村集体经济组织财产和成员权益的事项另有规定的，依照其规定。”

38. 村民会议如何举行?

《广东省实施〈中华人民共和国村民委员会组织法〉办法（2012 修订）》第二十三条规定：

“村民会议由本村十八周岁以上的村民组成。

村民会议一般每半年举行一次。村民会议由村民委员会召集；村民委员会不召集的，由村务监督委员会召集。有十分之一以上的村民或者三分之一以上的村民代表提议，应当在三十日内召开村民会议。召集村民会议，应当提前十日通知村民。

召开村民会议，应当有本村十八周岁以上的村民的过半数，或者本村三分之二以上的户的代表参加，村民会议所作的决定应当经到会人员的过半数通过。法律、法规对召开村民会议及作出决定另有规定的，依照其规定。

召开村民会议，根据需要可以邀请驻本村的企业、事业单位和群众组织派代表列席。”

39. 村民代表会议如何组织和召开?

《村民委员会组织法》第二十五条 人数较多或者居住分散的村，可以设立村民代表会议，讨论决定村民会议授权的事项。村民代表会议由村民委员会成员和村民代表组成，村民代表应当占村民代表会议组成人员的五分之四以上，妇女村民代表应当占村民代表会议组成人员的三分之一以上。

村民代表由村民按每五户至十五户推选一人，或者由各村民小组推选若干人。村民代表的任期与村民委员会的任期相同。村民代表可以连选连任。

村民代表应当向其推选户或者村民小组负责，接受村民监督。

《村民委员会组织法》第二十六条第一款 村民代表会议由村民委员会召集。村民代表会议每季度召开一次。有五分之一以上的村民代表提议，应当召集村民代表会议。

《广东省实施〈中华人民共和国村民委员会组织法〉办法》第二十八条 村民代表会议一般每季度举行一次。有五分之一以上的村民代表提议，应当召集村民代表会议，村民委员会应当自受理之日起十五日内召集村民代表会议成员召开村民代表会议。村民委员会不召集的，村务监督委员会应当督促村民委员会召集；经督促村民委员会仍不召集的，由村务监督委员会召集。召集村民代表会议，一般应当提前五日通知村民代表会议成员。如遇救灾等特殊情况可以临时召开。

村民代表会议有三分之二以上的村民代表会议成员参加方可召开，所作决定应当经到会村民代表会议成员的过半数通过；村民代表会议的决定不得与村民会议的决定、决议相抵触。

村民会议和村民代表会议的决定、决议应当于会议结束后报镇（乡）人民政府备案，并在村民委员会和各村民小组所在地公布。

40. 村民委员会或者村民委员会成员作出的决定侵害村民合法权益的，村民如何维权?

《广东省实施〈中华人民共和国村民委员会组织法〉办法（2012 修订)》第四十一条规定：

“村民委员会或者村民委员会成员作出的决定侵害村民合法权益的，受侵害的村民可以向镇（乡）人民政府或者县级有关主管部门申诉，镇（乡）人民政府或者县级有关主管部门应当进行调查并作出处理；也可以申请人民法院予以撤销，责任人依法承担法律责任。

村民委员会不依照法律、法规的规定履行法定义务的，由镇（乡）人民政府责令改正。

镇（乡）人民政府干预依法属于村民自治范围事项的，由上一级人民政府责令改正。”

41. 居民委员会的性质？与人民政府及其派出机关的关系?

《城市居民委员会组织法》第二条规定：

“居民委员会是居民自我管理、自我教育、自我服务的基层群众性自治组织。

不设区的市、市辖区的人民政府或者它的派出机关对居民委员会的工作给予指导、支持和帮助。居民委员会协助不设区的市、市辖区的人民政府或者它的派出机关开展工作。”

《广东省实施〈中华人民共和国城市居民委员会组织法〉办法（2014修正）》第三条规定：

“不设区的市、市辖区、乡、民族乡、镇的人民政府或者街道办事处应当加强对城市居民委员会工作的指导、支持和帮助，各机关、团体、部队、企事业单位应当支持所在地居民委员会的工作。”

42. 居民委员会的任务是什么？

《城市居民委员会组织法》第三条规定：

“居民委员会的任务：

（一）宣传宪法、法律、法规和国家的政策，维护居民的合法权益，教育居民履行依法应尽的义务，爱护公共财产，开展多种形式的社会主义精神文明建设活动；

（二）办理本居住地区居民的公共事务和公益事业；

（三）调解民间纠纷；

（四）协助维护社会治安；

（五）协助人民政府或者它的派出机关做好与居民利益有关的公共卫生、计划生育、优抚救济、青少年教育等项工作；

（六）向人民政府或者它的派出机关反映居民的意见、要求和提出建议。”

43. 居民委员会的设立有何要求？谁来决定？

《城市居民委员会组织法》第六条规定：

“居民委员会根据居民居住状况，按照便于居民自治的原则，一般在一百户至七百户的范围内设立。

居民委员会的设立、撤销、规模调整，由不设区的市、市辖区的人民政府决定。”

《广东省实施〈中华人民共和国城市居民委员会组织法〉办法（2014修正）》第十五条规定：

“民政部门对居民委员会建设的日常工作进行指导，居民委员会的设立、撤销、规模调整等事宜，由不设区的市（县）、市辖区的民政局审核后报本级人民政府决定。”

44. 居民委员会的组成人员？

《城市居民委员会组织法》第七条：

“居民委员会由主任、副主任和委员共五至九人组成。多民族居住地区，居民委员会中应当有人数较少的民族的成员。”

《广东省实施〈中华人民共和国城市居民委员会组织法〉办法（2014修正）》第五条规定：

“居民委员会由主任、副主任和委员共5至9人组成，户数在1000户以下的可以设5人，户数在1000－2000户的可以设7人，户数在2000户以上的可以设9人。居民委员会成员可以根据需要安排为专职或者兼职。”

45. 居民委员会主任、副主任和委员等成员如何产生？居民委员会主任、副主任和委员等成员每届任期是多久？是否可以连任？

《城市居民委员会组织法》第八条第一款规定：

“居民委员会主任、副主任和委员，由本居住地区全体有选举权的居民或者由每户派代表选举产生；根据居民意见，也可以由每个居民小组选举代表二至三人选举产生。居民委员会每届任期五年，其成员可以连选连任。”

《广东省实施〈中华人民共和国城市居民委员会组织法〉办法（2014修正）》第六条第一款规定：

“居民委员会主任、副主任和委员应当按照《居民委员会组织法》第八条规定选举产生。居民委员会可以根据实际需要聘用若干人，办理日常工作。”

46. 非本居住区的居民是否可以作为居民委员会成员候选人?

《广东省实施〈中华人民共和国城市居民委员会组织法〉办法（2014修正)》第六条第二款规定：

“在本居民委员会工作的非本居住区的本市居民可以作为居民委员会成员候选人。”

47. 在居民委员会选举中，居民的选举权和被选举权有何规定和限制?

《城市居民委员会组织法》第八条第二款规定：

“年满十八周岁的本居住地区居民，不分民族、种族、性别、职业、家庭出身、宗教信仰、教育程度、财产状况、居住期限，都有选举权和被选举权；但是，依照法律被剥夺政治权利的人除外。”

48. 居民会议由谁组成? 居民会议召开和议事规则有何规定?

《城市居民委员会组织法》第九条规定：

“居民会议由十八周岁以上的居民组成。

居民会议可以由全体十八周岁以上的居民或者每户派代表参加，也可以由每个居民小组选举代表二至三人参加。

居民会议必须有全体十八周岁以上的居民、户的代表或者居民小组选举的代表的过半数出席，才能举行。会议的决定，由出席人的过半数通过。”

第十条规定：

“居民委员会向居民会议负责并报告工作。

居民会议由居民委员会召集和主持。有五分之一以上的十八周岁以上的居民、五分之一以上的户或者三分之一以上的居民小组提议，应当召集居民会议。涉及全体居民利益的重要问题，居民委员会必须提请居民会议讨论决定。”

49. 居民会议是否有权撤换和补选居民委员会成员?

《城市居民委员会组织法》第十条第三款规定：

“居民会议有权撤换和补选居民委员会成员。”

50. 机关、团体、部队、企业事业组织能否参加所在地的居委会？前述单位的职工及家属、军人及随军家属能否参加所在地的居委会？

《城市居民委员会组织法》第十九条规定：

“机关、团体、部队、企业事业组织，不参加所在地的居民委员会，但是应当支持所在地的居民委员会的工作。所在地的居民委员会讨论同这些单位有关的问题，需要他们参加会议时，他们应当派代表参加，并且遵守居民委员会的有关决定和居民公约。

前款所列单位的职工及家属、军人及随军家属，参加居住地区的居民委员会；其家属聚居区可以单独成立家属委员会，承担居民委员会的工作，在不设区的市、市辖区的人民政府或者它的派出机关和本单位的指导下进行工作。家属委员会的工作经费和家属委员会成员的生活补贴费、办公用房，由所属单位解决。”